Polytechnischer Unterricht
in Suhl
1958-1989
von Dr.Gunter Dreßler

東ドイツ小都市
ズールの総合技術授業
1958年－1989年

人格の全面発達をめざした教育の実相

グンター・ドレスラー 著
三村和則 訳・解説

訳者 まえがき

本書は東ドイツに属していたチューリンゲン州の南部のズールという小都市で行われた総合技術授業について、その生成と発展と消滅の過程を記録した "Polytechnischer Unterricht in Suhl 1958-1989" von Dr. Gunter Dreßler, Kleine Suhler Reihe(52) 2017.（Herausgeber：Stadtverwaltung Suhl, Holger Uske）／グンター・ドレスラー博士著『ズールの総合技術授業一九五八年－一九八九年』小さなズールシリーズ五二号、二〇一七年。（ズール市役所、ホルガー・ウースケ編集・発行）の翻訳と解説である。

著者のグンター・ドレスラー博士は一九四七年にメラーネ（東ドイツの都市ケムニッツ近郊）で生まれ、一九六五年から一九六九年までエアフルトで学業を修め、その後一九八八年までズール市内で総合技術教師として勤務した人物である。この間、エアフルト教育大学で六年間の助手も務めた。ドイツ統一後、一九九〇年以降は、彼はまず教師研修と南チューリンゲン商工会議所の仕事に従事し、その後一七年間、南チューリンゲン手工業会議所の経営者教育を管理した。

総合技術教育（ポリテフニズム）は教育と労働の結合により教育史上の理想である「人格の全面発達」の実現を企図したものであった。

「人格の全面発達」という教育目標の理想は、古代ギリシャ時代から見られたが、労働と教育の結合によってそれを実現しようとする思想は、一六・一七世紀のトマス・モア（『ユートピア』）やトマソ・カムパネルラ（『太陽の都』）などのユートピアンに始まるとされる。教育界の巨匠であるルソーやペスタロッチーも同様の考えを示した。ルソー曰く、「農夫のように働き哲学者のように思索する人間」。ペスタロッチー曰く「頭（精神）と手（技術力）と心臓（心情力）の三つの根本力を、心臓の優位の下に統一した人間」。

その後、この教育構想は、フーリエ、オーウェンら「空想的社会主義者」に継承され、マルクスによって総合技術教育として結実した。おりしも産業革命後の機械制大工業の時代であった。マルクスは、大工業そのものが不断の技術革新や機能の流動を本質とするため、部分的機能の担い手に過ぎない労働者に代わり、さまざまな機能をつぎつぎにやってのける全面発達した労働者を必要とするようになること、そのために総合技術教育が必要になるということ、しかし資本主義社会では、その実現が制約されるため、社会主義社会において初めて全面発達が可能になるということを主張したのだった。全面発達が資本主義社会で不可能というのは、資本主義では労働者の人格が配慮されず、一面的発達で放置され、不断の技術革新には労働者の入れ替え（馘首と採用）で対応しようとするからである。

このように総合技術教育というのは、労働と教育の結合により人格の全面発達という理想を実現するという教育構想が、現代的に完成されたものであった。

総合技術教育は、その後、レーニンやクルプスカヤにより具現化の基礎が築かれ、ソビエト連邦や東ドイツをはじめとする社会主義と言われた国々の学校実践に根を下ろしていった。

ところで、総合技術教育は「人格の全面発達」の実現を企図する教育であったということなので、ここで訳者が最も好きな「人格の全面発達」の定義を紹介しておきたい。クルプスカヤによるものである。

それは、「自覚的で組織的な社会的本能をそなえており、全一的な考えぬかれた世界観をもち、自然の中で、また社会生活のなかで、自分の周囲において生起するすべてのことを明瞭に理解している人間。あらゆる種類の労働に身体労働にも精神労働にも理論においても、実践の上でも準備されていて、合理的で十分な衣食住を、美しくて楽しい社会生活をうちたてることのできる人間をさしている。」（矢川徳光『人格の発達と民主教育』青木書店）

この定義は、平易でわかりやすい。末尾の三行は私たちは何のために学校で学ぶのかについて示唆を与えてくれている。

しかし全面発達した人格は、機械制大工業のために必要な人格としてまず取り上げられるが、それにとどまるものではない。機械制大工業は全面発達した人格を必要とするだけでなく、その発展により、労働時間の短縮と余暇（自由に使える生活時間）の拡大をもたらし、人格の全面的な「開花」の条件を産出し、それを可能とする。これこそが、マルクスの社会主義論の真意とするところであり、めざす目標だったと言える。

さて、東ドイツにおけるこうした人格の全面発達をめざした総合技術教育のカリキュラムの中心部分を担ったのは総合技術授業（polytechnischer Unterricht）という教科群であった。そしてその中核に位置したのは「生徒の生産労働」というユニークな教科であった。

この「生徒の生産労働」は、日本の中学校一年生から高校一年生に当たる一〇年制義務教育学校の七年生から一〇年生が、週一回の割合で工場や農場で生産労働に従事しつつ学習を行う教科である。一九八〇年代ではこの四つの学年の生徒数は約八〇万人とされる。職場は週五日制のため平日の毎日約一六万人の生徒が東ドイツ全土で学校を離れどこかの工場や農場で生産労働に従事していたということになる。

総合技術教育の関心は戦後日本の教育界では高かった。戦後日本の目ざすべき理想社会の一つに社会主義国というのがあったからである。しかし東西冷戦が終わり、ソビエト連邦が崩壊し、東ドイツが西ドイツに併合される形で東西ドイツが統一されると、潮が引くようにその熱は冷めていった。そのため東ドイツに関しては、東西ドイツ統一から三〇年以上が経つ今日まで、わが国の教育界では研究の進展は見られない。[1] その結果、総合技術教授の教科群や「生徒の生産労働」に関しても、その紹介や研究には進展が見られない。そのため、取り上げるべき主な先行研究は、今日でも一九七〇年代の村井敬二の「ドイツ民主共和国の総合技術教育に学ぶ」や産業技術教育連盟の『ドイツ民主共和国の総合技術教育』である。[2] その他には訳者によるいくつかの論考等に限られる。[3]

こうした事情から本原書『ズールの総合技術授業一九五八年－一九八九年』の翻訳と解説を行い、それを通してその実相を紹介することには重要な意義がある。

原書の表紙裏のことばを借りて原書の意義を紹介すると、次のようになる。

「この本では、自身が数十年にわたり総合技術の教師であったグンター・ドレスラー博士が、ズールでの総合技術授業の歴史をたどっています。総合技術の事業は三〇年以上の間、東ドイツの若者の教育を特徴づけていました。それはズールでどのような外観を呈していたのでしょうか？　どの企業がそれにどのように対応したのでしょうか？　それは企業だけでなく生徒自身にもどのような成果をもたらしたのでしょうか？／著者は、すべての生徒のために技術教育を行うというドイツ教育史上、前例のなかった章をいち地域で明らかにすることに成功し、それにより同時に、ズールの地域史の特別な一章を後世の人々のために確実なものにすることに成功しています。」

また、原書著者は「はじめに」の中で東ドイツの教育がほぼ全否定されるという形でのドイツ統一であったため自信喪失や混乱があり、同時に多くの者が元の職を失い、先立つ生計の問題も加わり、人々が総合技術授業の体験について振り返りができるようになるには四半世紀以上の時間が必要であったと述べている。そしてその長期の時間的経過の中で総合技術授業を体験しなかった世代が増加しているため、本書はそれらの世代が総合技術授業を理解できるように叙述を進めていると述べている。そのお陰で、総合技術教授というものの営みに全く無縁な日本の読者も、その実相を詳しく知ることが可能になっている。この点からも本原書を日本で紹介することの意義は大きい。

総合技術教育は自然界の進化の系統樹になぞらえれば、絶滅した種（これ以上伸びない枝）として、教育界では位置づけられよう。東ドイツではそれは一九九〇年に終焉を迎えた。しかし、今日と未来の教育に示唆を与える何がしかの教訓がＤＮＡとしてその中に残されていると考えることはできないだろうか。あたかも古生物学者が珍重する琥珀の中の昆虫のように。そこにも本原書の翻訳と解説を著しておくことの意義を見いだすことができる。

本翻訳・解説書では原書の本文の翻訳をすべて掲載している。原書の記録書としての価値をできるだけ保つためである。写真と資料については、原書には六七点掲載されているが、人物の肖像写真や集合写真は、総合技術授業の実相把握に直接関係しないため、紙幅等に配慮し、一九点を割愛した。写真と資料の配置は原書の配置に関係なく、原書の各ページの末尾に掲載した。写真と資料のサイズは訳者で編集を行った。また、これら写真と資料のキャプションと出典は、そのまま翻訳・掲載し、注書きとはしなかった。

本原書の翻訳の公刊（解説を付けることを含む）と掲載されている写真や図表の使用は、著者（G.ドレスラー氏）と編集者（H.ウースケ氏）および本原書がその一冊となっているKleine Suhler Reihe（小さなズールシリーズ）の編集者の許諾を得ている。

翻訳をするに際し、著者とは五〇回を超えるメールのやり取りを通し、多くのことを補足していただき、また、教えてもらった。そこで新たにわかったことも本書の中に取り入れている。

本原書の翻訳に至る過程で、訳者は二〇二一年に旧東ドイツ領域の州郡市町村立の公文書館四二〇館、学校博物館六五館および博物館一七館の合計五〇二館に対し、ほぼ悉皆的に、「生徒の生産労働」に関する資料についての情報提供の依頼をオンラインで実施した。（調査は、総合技術センターや工場の生徒の労働現場など「生徒の生産労働」の学習場に対象を絞って行った。）おりしも世界的なコロナパンデミックの最中であったため、直接来館しない無精は自然に受け容れられ、お陰でむしろ効率的に調査を進めることができた。その内、返信が公文書館八五館、学校博物館八館および博物館二館からあり、さらにその内、具体的な資料送付が、公文書館四一館、学校博物館一館からあった。本原書はその中のズール市公文書館からの紹介によるものであった。それは訳者の問題関心にひとまとまりに整理して応えてくれている好著であった。並行して返信のあった公文書館等の職員やその紹介による同僚や友人の一〇余人から、総合技術授業を生徒として受けた体験談をメールによる書面インタビューという形で収集することができた。本書ではその体験談の一部も所々に挿入し、解説にふくらみをもたせた。

最後に、ズール市の紹介をしておきたい。ズール市はチューリンゲン州の南に位置する、人口四万人弱の都市である（二〇二〇年）。東ドイツ時代は人口が最少県だったズール県の行政の中心であった。町の歴史は一二五〇年頃に始まる。一五二七年にズールは都市の権利を得ている。一六世紀の中頃には優れた性能を持つ銃砲類の生産で知られるようになり、一時期「ヨーロッパの兵器工場」と言われるほど有名であった。四〇〇年以上もの伝統を持つ携帯用銃器の製造技術は、現在は狩猟とスポーツのための銃砲類の生産に生かされている。[4]

凡例

・本文中の［　］は、訳者（訳・解説者）の補足である。

・〈解説〉は、文字どおり解説であるとともに注釈も含んでいる。解説や注釈が長くなったものについては、〈訳者による解説〉だけの特別な節〉として原書にはない節を設けた。訳文は敬体（です・ます調）であるが、〈解説〉と〈訳者による解説〉だけの特別な節〉の文体は常体（である調）とし、さらに文字をゴチック体とし、両者の区別がつきやすくなるようにした。

・本文の改行や行間の空け方はわずかな例を除き原書に合わせた。

・欄外下段【原書】頁とあるのは、原書の頁を示している。原書の記録書としての価値を保つため、また、本文に原書の頁を示す必要がある箇所があり、原書の頁を記載しているため、原書の頁を残した。

・Polytechnik の訳語にはポリテヒニクまたはポリテフニクあるいはポリテクニックやポリテクニクなどが可能だが、もっぱら「総合技術」という言葉を当てた。

・ＶＥＢ（Volkseigner Betrieb）の訳語には、人民所有企業でなく「国営企業」を当てた。

・ＤＤＲ（ドイツ民主共和国）の訳語にはもっぱら「東ドイツ」の言葉を当てた。

・固有名詞はドイツ語の発音になるべく沿うように表記した。

東ドイツ小都市 ズールの総合技術授業 1958年－1989年

――人格の全面発達をめざした教育の実相――

◎目次

東ドイツ地図（県と県庁所在地。県名と県庁所在地名は同じ。[5]）

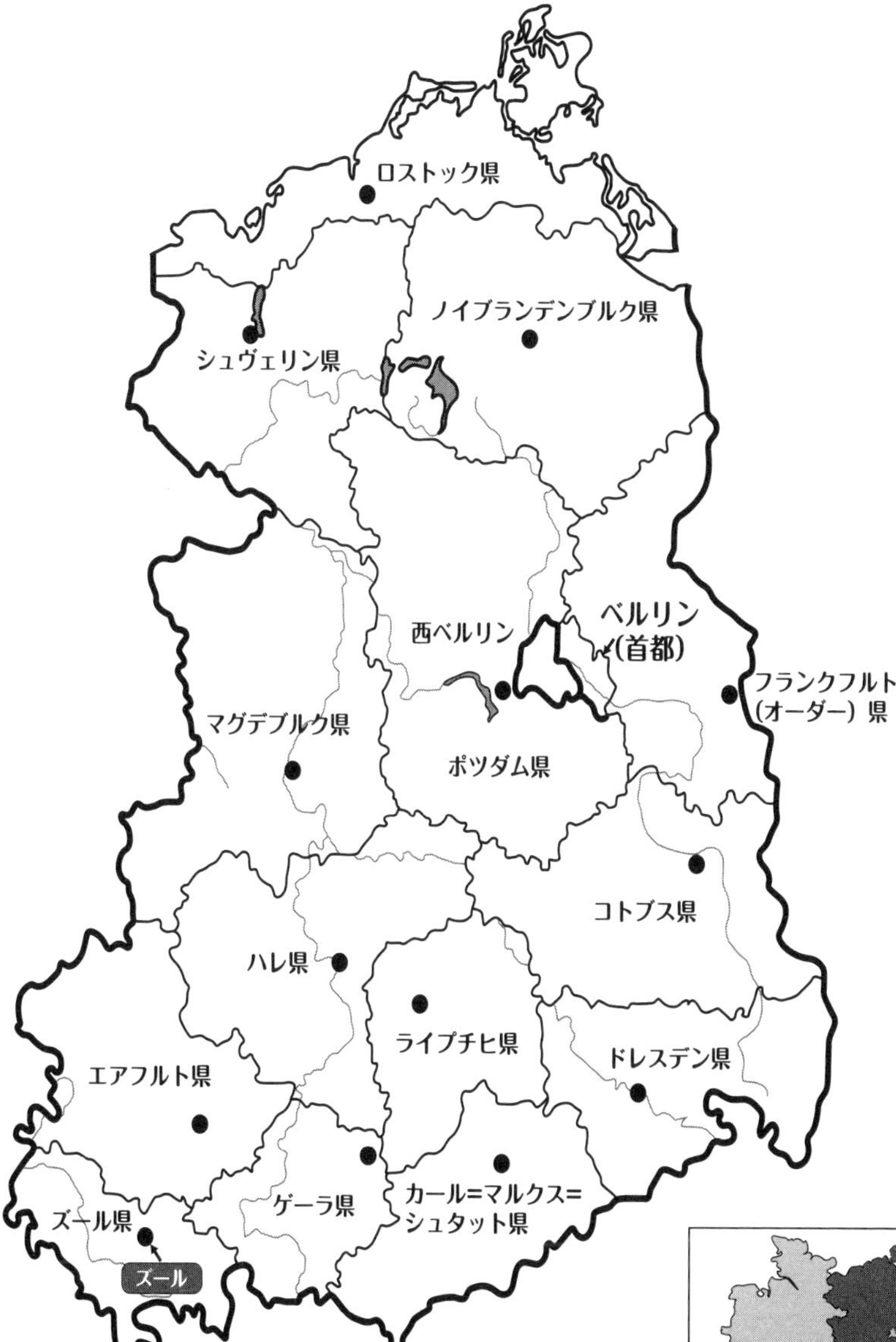

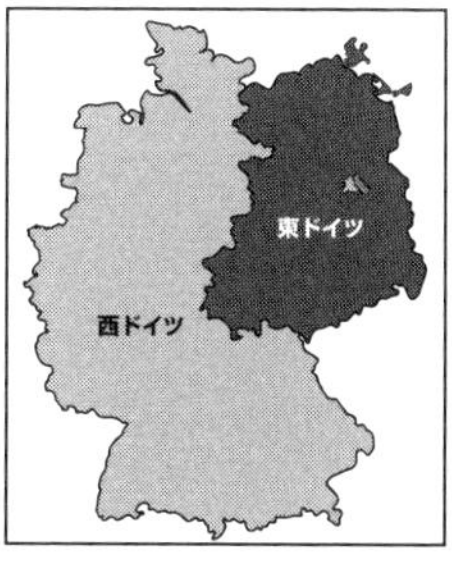

はじめに

Vorwort

この出版は読者によりさまざまな考えを呼び起こすでしょう。この小冊子にはごく個人的な思い出が数々、秘められています。一九四四年から一九七五年の間に生まれたズール市民は、市内で育った人であれば、学校時代にさまざまな形での「総合技術 Polytechnik」を自ら体験しました。しかし、それより前に生まれた人たちは、子どもたちの学校教育のこのセクションには親としての役割で多かれ少なかれ関与していました。しかし、一九八九年にちょうど六年生だった人々は、「社会主義生産入門 Einführung in die sozialistische Produktion」（ＥＳＰ）、「製図 Technisches Zeichnen」（ＴＺ）、および「生産労働 Produktive Arbeit」（ＰＡ）の教科を伝聞でしか知りません。それでは、説明されているものがもはや存在しないが、それを体験した人々がまだ十分に存命なときに、どのように書き始めるべきでしょうか？

〈解説〉

ここでは著者は、ズール市民は総合技術教授の経験を基準に、次のように分類できるということを述べている。

①一九四四年から一九七五年の間に生まれた者：総合技術授業を受けた者。
一九四四年生まれ七年生（一四歳）になっている一九五八年の九月から七年生以上の生徒にＰＡの前身となる「生産授業日」ＵＴＰが開始された。そして、一九七五年生まれが七年生（一四歳）になっている一九八九学年度末、一九九〇年八月に総合技術教育が終焉したからである。

②一九四三年以前に生まれた者：親として子どもの総合技術授業に関与した者。

③一九八九年に六年生以下だった者（原書刊行の二〇一七年に四一歳未満だった者）：総合技術授業に少しも関係していない者。

【原書】3頁

それでは、最初に、挑発的な質問で二〇一七年に四一歳未満だった読者に目を向けましょう。「あなたは自分の子どもが週に一日、学校に行くのではなく、労働するためと同時に一般的な技術の授業を受けるために会社に行くことを想像できますか?」あなたが回答を決める前に、これは一回限りのイベントではなく、四年の期間であることを追加しておく必要があります。このモデルによると、あなたの息子または娘は、七年生から一〇年生まで週に一回このタイプの授業を体験します。そのような決定は確かに難しいです。しかし、ズールの生徒が実際に工業会社の組立ラインに立ったり、企業体の生産工程で割り当てられた仕事を忠実に遂行したりした時期があったのです。

いくつかの数字は、問われた読者グループの好奇心をいっそう「刺激」することでしょう。つまり「システム」としての総合技術は多大な努力を払って運用されました。それぞれ数千人の従業員を抱える大企業であるズールの三つのコンビナート企業（車両・狩猟用兵器工場ズール：FAJAS、電化製品工場ズール：EGS、および住宅建設コンビナート ズール：WBK）のそれぞれに一つの総合技術センター polytechnisches Zentrum がありました。具体的には、総合技術についてズールには、合計四つの工作室 Werkstattraum（工作台 Werkbänken と万力 Schraubstöcken 付き）、四つの機械キャビネット［機械工作室］Maschinenkabinett、五つの生徒生産部門 Schülerproduktionsabteilung、および直接生産に携わる約六〇の生徒労働部署 Schülerarbeitsplatz がありました。約五〇人のマイスター教師 Lehrmeister とほぼ同数の熟練労働者教師 Lehrfacharbeiter がPA授業で生徒の世話をしました。そのため、合計一三の教科教室 Fachunterrichtsraum で授業を行う二八人のＥＳＰ教師もいました。

最後に生徒数の問題が残っています。ズールには一九八八年に一六の総合技術上級学校がありました。原則として、これらは少なくとも二部構成でした（それぞれの学年に二つのクラス）。そのため、当該の年には学年ごとに約八五〇人の生徒が毎週、総合技術授業を受けました。全体として、三〇〇〇人をはるかに超える生徒（七年生から一〇年生）がいることになります。総合技術の消滅からほぼ三〇年ですが、これには敬意を払う必要があります。当時あった一般陶冶学校に「総合技術上級学校 Polytechnischen Oberschule」（ＰＯＳ）という呼称を与えたほど、東ドイツ時代を徹頭徹尾、特徴づけた学校史の一章は、一九九〇年に突然姿を消しました。どうしてこんなことになったのですか？　その責任は誰が負うのですか？　こうした疑問が湧いてきます。

〈解説〉

「生産授業日」あるいは「生産労働」では、工場や農場で生産労働に従事しつつ学習が行われる。それは七年生から一〇年生までの生徒（日本では中学校一年生から高校一年生）が対象である。その生徒数については一九五八年時点で約四五万人、一九八〇年代には約八〇万人という数字もある。[6] この数字一つを取っても、総合技術授業そしてそれを特徴とする総合技術教育というものがいかに全社会的に大がかりに物的・人的資源と人々の関心を注いで実施されていたかがわかる。そしてその実施のために「総合技術センター」という特別な教育施設も全国各地の大規模事業所（工場と農場）に設けられた。その数は一九九〇年時点で東ドイツ全土で約二〇〇〇あったと言われる。前に書かれてあったようにズール市には三施設があったことになるが、ベルリン近郊の都市、ポツダムには九施設あったことがわかっている。[7]

【原書】4頁

> ズール市の人口は、二〇二〇年代、約三万八〇〇〇人である。一九七八年頃の人口は約四万人だったという。[8] そして生産労働に出席した生徒数は、四つの学年全体で三〇〇〇人を越えたとのことである。毎週、延べ三〇〇〇人を越える規模の生徒が、三つの工場に通っていたというのは本当に不思議な光景である。

とはいえ、その生産授業日 Unterrichtstag in der Produktion を経験した読者に話を戻しましょう。三つの総合技術センターがあるという事実だけからも、総合技術の授業で体験した時間の記憶は均一ではありえません。それにもかかわらず、この「全体像」は、まだまたはもはやそれに精通していない読者とは別に、この読者グループ〔総合技術授業を体験した読者グループ〕にとっても興味深いものになる可能性があります。

ズールの学校の歴史における特別な章のこうした見方が二〇一七年まで行われなかったのには理由があります。第一に、一九九〇年以降、公の議論において古い（社会主義の）学校制度の一般的な拒絶がしばしばありました。もちろん、そのような全体的な評価により、東ドイツの学校制度における既存の肯定的な要素も否定されました。総合技術の諸教科、とりわけ工場での実践的な授業は、すぐに打ち切られました。しかし、コンビナートの清算と新しいと同時に小規模な経済構造のために、とにかく総合技術の継続は不可能だったでしょう。民主的な転換の直後に、この「精算された」教育分野を考察したり評価したり、個々の要素を称賛したりすることは、考えられないのです！ さらに、総合技術領域の従事者は、教師であろうとマイスター教師であろうと、これらの年月の期間、彼らの専門的な過去を考察すること以外に他の心配もしていました。彼らは職業的に初めて他の場所に足場を築かなければなりませんでした。もちろん、彼らは個々には振り返りをしました。それは正常です。その時はしばしば輝いた表情でした。四半世紀以上の期間の後になってようやく、そのような回顧はより明確にそしてより客観的に行うことができるのです。

読者は、総合技術授業の目撃者であるかどうかにかかわらず、この小冊子を読んだ後、地域の学校の歴史のこの過去の一こまについて独自の判断を下すことができます。いずれにせよ、「小さなズールシリーズ」のこの号はその目的を果たすことでしょう。

グンター・ドレスラー

〈解説〉

ここにはなぜ原書の刊行が東ドイツ終焉後、四半世紀以上の時間が必要だったのかという事情が述べられている。原書には幾人もの人物が登場する。東ドイツ終焉直後はたしかに記憶は新しい。しかし人々は記録するために生きているのではない。著者を含め、関係する人々には当座の生活を築くことが優先された。それに忙しかったのである。そして、四半世紀以上経ち、ようやく心に余裕が生まれたのである。

このことに関して、訳者には一九九五年に書いたものがある。これは、ベルリン崩壊後も東ドイツが残ることを前提に、総合技術授業を存続・発展させるために書かれた報告書の翻訳と解説である。その解説で次のように書いている。

「教育の営みも一挙に西独様式が適用された。あまりに急激な展開であった。東独時代の総括・評価をするには時間がなかった。あらゆる点について誰もまともな総括・評価を現在のところ下してはいない。誰が行うにしても、既にその意義もドイツでは既に現在のところ失われている。ある事柄の総括・評価というものは一般にそれの存続・発展の見通しがあるときにのみ行われるからである。[9]」

原書４頁：ジムゾン文化ハウスの「門の通路」での生産授業日（UTP）室 1969 年（出典：エディス・ヒッパー 所蔵）

総括と評価が行われなかった理由には、時間や心の余裕がなかっただけでなく、そのことに意味が感じられなかったからである。しかしドレスラー博士は、「すべての生徒のために技術教育を行うというドイツ教育史上、前例のなかった章をいち地域で明らかにすることと……それにより同時に、ズールの地域史の特別な一章を後世の人々のために確実なものにすること」（表紙裏のことばから）という意味を見いだし、本原書の執筆に至ったのである。

なお、歴史小説の世界では実際の出来事との間に適切な「時間的距離」というものがあるそうだ。「出来事についての記憶がまだ生きていて、しかし同時に直接的な感情はいくらか鎮まっている五〇年から六〇年という時間が歴史小説を書くにあたって適切な時間的距離だ」と越野剛は述べている。[10] 本原書発行は二〇一七年、総合技術授業の開始が一九五八年、終焉が一九八九年。開始から数えると約五〇年が経過している。終焉当初は目前の生活を築くことに忙しく、その後も、振り返ることに意味が感じられなく時間が経過した。しかし意図せずして、適切な「時間的距離」が生成したと考えると、本原書は歴史小説ではないが、ほどよいタイミングで執筆された書だと言えよう。

〈訳者による解説だけの特別な節1〉

総合技術授業、総合技術センター、総合技術スタッフ

本論に入る前に、訳者による解説だけの特別な節を設けたい。

そもそも総合技術授業とは何か、原書が主に扱っているPA（生徒の生産労働）の主な舞台となっている総合技術センターとは何か、そして、そのためにしばしば登場する総合技術スタッフにはどういう人たちがいるのかを、説明しておきたい。

総合技術授業 polytechnischer Unterricht とは

原書がテーマにしている「総合技術授業」polytechnischer Unterricht についてあらためて説明しておこう。これは教科群の名称である。次の①から③の三つの教科のことを指している。同時に文字どおりその三つの教科の授業のことも意味している。（　）は一〇年制の義務教育学校（一般陶冶総合技術学校。後出のPOS）での開設学年である。①「社会主義生産入門」Einführung in die sozialistische Produktion：略称ESP（七年～一〇年）、②「製図」Technisches Zeichnen：略称TZ（七年～八年）、および③「生産労働」（または「生徒の生産労働」）Produktive Arbeit（Produktive Arbeit der Schüler）：略称PA（七年～一〇年）である。原書16頁には時間表（学年別教科別週あたり授業時間配当表）が掲載されている。それも参照していただきたい。

一方、一〇年制の義務教育学校には、「工作」Werken（一年～六年）と「学校園」Schulgarten（一年～四年）という教科がある。この二教科は「総合技術授業」と密接に関連している。そのため、この二教科を含んで「総合技術授業」という理解のされ方も生まれる。例えば村井敬二の場合、自身の解釈で

あるという断りをし、この三科目を「総合技術授業」の教科群に分類している。[11]しかし、著者のドレスラー氏は、ＥＳＰとＴＺとＰＡだけを「総合技術授業」としている。これはレアプラン Lehrplan（日本の学習指導要領に相当）に即した理解でもある。そこで訳者も、ＥＳＰとＴＺとＰＡだけを「総合技術授業」とする。

この三教科のうち、その中核教科はＰＡ（「生徒の生産労働」）である。原書もこのＰＡのことを主に書いている。一方、原書には“Polytechnik”という言葉が多用されている。「総合技術」と訳しているものであるが、この言葉が表す内容は、具体的にはこのＰＡのことを指している。同じように、原書には“Polytechniker”（総合技術の人）という言葉がしばしば登場する。この“Polytechniker”が表しているのも、主にＰＡに携わっている専門的スタッフのことである。この“Polytechniker”については後述している。

「生産授業日」Unterrichtstag in der Produktion：略称ＵＴＰという言葉が出てくる。その日は生徒は学校にではなく、総合技術センターや生産現場に通い、生産労働という学習を行った。このＵＴＰは一九七〇年まで存在したが、その後、分化しＥＳＰとＴＺとＰＡの三教科になった。しかしこの三教科の授業がある日は、ＵＴＰがあった時代と同じように、生徒は総合技術センターや生産現場に行き、ＰＡという生産労働という学習をするので、一九七〇年以降もその日を「生産授業日」ＵＴＰという呼び方が一部では用いられていたようだ。

原書の「はじめに」の叙述からは、ＰＡでの生産労働という学習の場の実態も見えてきた。すなわちズールの場合、次のような四種類の学習場（生徒の生産労働現場）があったのである。①「工作室 Werkstattraum」と呼ばれるもの、②「機械工作室 Maschinenkabinett」と呼ばれるもの、③「生徒生産部門 Schülerproduktionsabteilung」と呼ばれるもの、および④「生徒労働部署 Schülerarbeitsplatz」と呼ばれるものである。③「生徒生産部門」と④「生徒労働部署」は実際の生産現場である。ズールではこのように分化が進み、生徒専用の生産現場が整備されていた。しかし一般には必ずしもそうではなく、大人にまじっての実際の生産現場がそれに該当した。このPAでの生産労働という学習の場については、改めて後の節で触れたい。

総合技術センター polytechnisches Zentrum とは

次に、「総合技術センター」polytechnisches Zentrum：略称PZというのは何だろうか。それは、前述の四つのPAの学習場のどれかを含み、加えて、ESPとTZの教科の授業を行う教室を備えた教育施設ということができる。

訳者と著者のドレスラー氏は五〇回を超えるメールのやり取りをしてきた。その中で総合技術センターについて、氏からは次のような補足をしてもらった。

総合技術センターというのは、総合技術授業（ESPとTZとPAの三教科の授業）を行うための施設である。一般には、七年生と八年生用の専門のキャビネット（工作室と機械工作室）と八年生と九年生用の特殊な生徒生産部門と一〇年生用の生徒の職場（実際の生産をしている）がある。ESPとTZのための教室もある。それはESPとTZの専用教室である。一〇年生の生産労働は、実際はセンターとは別の場所で行われるが、組織的には同じ総合技術センターが管轄する。

総合技術センターは原則的に企業体（具体的には工場と農場。原書に登場するのは工業都市ズールが舞台のため工場ばかりである。）の中にあり、学校の敷地にあるものではない。しかし、すべてのルールには例外はある。ごく一部の学校にESPとTZの教室があったという事実は認められなければならない。

各企業体にはその状況に応じて総合技術センターが設置されていた。原書で取り上げる企業体では、次のようになっていた。

○車両・狩猟用武器工場ズール（ＦＡＪＡＳ）

会社の専門学校の中にＥＳＰとＴＺの教室および七年生の工作室があった。八年生と九年生の生徒生産部門は、会社内の一つの建物にそれぞれあった。

○電化製品工場ズール（ＥＧＳ）

ＥＳＰとＴＺの教室と七年生の工作室はツェラ－メーリス市（ズール市の隣の市）の会社の建物にあった。八年生と九年生の生徒生産部門はズール市の会社の建物にあった。別の場所にあったが、同じ会社の建物であった。この会社は、いくつかの都市に運用可能な建物をもっていた。

○住宅コンビナートズール（ＷＢＫ）

ＥＳＰとＴＺの教室と七年生の工作室と八年生の生徒生産部門を有した一つの建物があった。九年生の生徒の生産は市内の別の場所で行われたが、組織的には同じ総合技術センターに所属していた。ただし一九八四／八五年からは原書40頁から41頁にあるように整備された。つまり、ＥＳＰとＴＺの教室と七年生と八年生の工作室（工作室と機械工作室）と八年生と九年生の生徒生産部門を有した一つの建物ができた。一〇年生の生徒の生産は市内の別の場所で行われた。

以上がドレスラー氏による補足である。

この著者による補足説明から総合技術センターというものをより詳しく理解することができた。ズール市の例から大規模な事業所（工場や農場。ズールの例は工場である。）が「総合技術センター」の設置を引き受けた（あるいは引き受けさせられた）ようだ。そしてセンターは、単に建物を意味するのではなく、組織をも意味するようだ。そのため、生徒の生産労働がセンターとは別の場所で行われることがあり、特に、一〇年生の生産労働は一般に工場や農場で行われるが、生徒の生産労働については総合技術センターが管轄をしているということである。

日本の文献に総合技術センターは「学校内」に設けられたと書かれたものがあった。[12] しかし例外を除いて、そうではないことが明らかになった。拙著においてもその文献を参照し「学校内」に設けられたという理解で書いていたものがあった。[13] それは訂正しなければならない。総合技術センターは学校と特別な契約をした工場または農場の中に企業体の費用で設置されるのである。そして、生徒の労働成果は企業体の生産計画に組み込まれ、生徒の失敗作は企業体の損失になるのである。[14]

ところで、総合技術教育センターが「学校内」にあったという誤解が生まれた理由には、原書12頁にあるように、一九五八年の総合技術授業導入当初からしばらくの間、総合技術教育センターが存在せず、PAの実地教育指導の場が学校内にある場合もあったからである。ズールでの総合技術教育センターの設立は一九六九年になってからである。

誤解が生まれたもう一つの理由があるとすれば、ソビエト連邦での総合技術教育では総合技術教育センターに相当する「学校作業場」というものがあり、文字どおり「学校内」に設置されるのが一般であったことがあったからかもしれない。これも推測であるが、両国の違いは工業化の進展ではないだろうか。工業化が進んでいた東ドイツは企業内にセンターを設置できたが、工業化が遅れていたソ連ではそうではなかったということである。例えば、駒林邦男は、モスクワでは学校作業場をもっている学校が半分以下に留まっており、総合技術教育の物的基盤が整っていない現状を指摘していた。[15]

総合技術スタッフ Polytechniker とは

総合技術授業は新たな教科群であるため、新しい教科を担当する教師が必要になる。それが

Fachlehrer für Polytechnik 総合技術教科教師である。新しい教科には新しい教師が必要になることは、容易に理解できる。

ところが、総合技術授業の教科にはＰＡがある。ＰＡは特殊な教科で、生産労働がその内容で、総合技術センターと工場や農場の実際の生産現場で生徒が生産労働に従事する。したがって、その実施のため、これまで学校教育に関係しなかった人員の参加が必要になってきた。それが企業に所属するLehrmeister マイスター教師やLehrfacharbeiter 熟練労働者教師などである。そこで、彼らを含め、Polytechniker 総合技術授業のＰＡに携わる専門的な人員、すなわち「総合技術スタッフ」について整理しておきたい。

説明の多くは、著者のドレスラー氏に質問することで教えてもらったものである。

まず、以下の名称の者が企業に所属する専門的な人員として存在し、ＰＡに携わっていた。

——Mesiter（マイスターまたは熟練職人）。一般的なマイスターの資格取得者である。

——Lehrmeister（マイスター教師または親方教師）。教育学を修めたMeister マイスターである。しかしＰＡではMeister マイスターもLehrmeister マイスター教師も同じ役割をすることができる。つまり、ＰＡでは両者が生徒の実地指導についての権限をもっていた。原書ではLehrmeister マイスター教師がしばしば登場する。

——Ingenieur（技師またはエンジニア）。専門学校出身である。

——Facharbeiter（熟練労働者または熟練工）。

——Lehrfacharbeiter（熟練労働者教師または熟練工教師）。教育学を修めた熟練労働者（熟練工）である。

——Lehrausbilder（実地指導員）。口語的には"Ausbilder"（指導員）と呼ばれることが多い。前述のMesiter, Lehrmeister, Ingenieur, Facharbeiter およびLehrfacharbeiter の総称である。彼らがＰＡ

で文字どおり生徒の労働の実地指導員であった。

――"Betreuer"（世話係またはスーパーバイザーまたは監督者）。Lehrfacharbeiter 熟練労働者教師が担当することが一般だった。Facharbeiter 熟練労働者としての本来の仕事の他に、ＰＡでの生徒労働のスーパーバイズを行った。具体的には、Lehrausbilder（"Ausbilder"）実地指導員たちと連絡を取り、生徒の質問に答えるのを手伝ったり、生徒の労働成果の評価を受け取ったりした。Lehrausbilder 実地指導員たちと、ＰＡの教科担当教師を仲介する位置にあると言うことができる。

以上が、企業に所属する専門的な人員であった。

次に学校教師としての Fachlehrer für Polytechnik 総合技術教科教師についても改めて説明をしておきたい。彼らが総合技術授業の三教科――ＥＳＰとＴＺとＰＡ――を担当した。

ただし、彼らのＰＡの時間での役割は少々特殊であった。彼らは決まったスケジュールなしで生徒の生産労働の様子を観察するのがその職務であった。その時間、彼らは特別なノートに記録をしなければならなかった。そして、それにより彼らは次のようなことをすることができたという。

――Lehrausbilder 実地指導者や Lehrfacharbeiter 熟練労働者教師にアドバイスをする。

――自分の他の授業（ＥＳＰとＴＺ）とのつながりを見つける。

――教室とは異なる条件での生徒の様子がわかる。

彼らは学校の教師だが、職場は総合技術センターであったという点も特徴である。学校には出勤しないので、校長からの目が届かず自由であったとか、Lehrmeister マイスター教師や Lehrfacharbeiter 熟練労働者教師との交わりの方が強かったとか、しかし学級担任をしないので、教師としては寂しい点があったなどが原書47頁には書かれている。

Fachlehrer für Polytechnik 総合技術教科教師の他の役割としては、総合技術センターに一人ずつセンター長として Leitender Lehrer 主任教師が存在するが、その職には Fachlehrer für Polytechnik 総合技術教科教師がなった。また、Fachberater 教科相談員という職がある。その役割は教科教師の指導と助言を担当することだった。各郡に各教科の教科相談員が置かれた。彼らは「郡教育相談センター」の指揮を受け、その管理下にあった（郡は県と市町村の間に位置する地方行政組織）。郡教育相談センターには、すべての教科の教科相談員が集まった。当然、総合技術授業の教科については Fachlehrer für Polytechnik 総合技術教科教師がなった。

生徒は Fachlehrer für Polytechnik 総合技術教科教師のことをふだんは ESP-Lehrer（ＥＳＰ教師）と呼んだ。それは一種のスラングである。原書でも ESP-Lehrer が多用されている。また原書では Fachlehrer für Polytechnik を Polytechniklehrer と表記することも多く行われている。したがって、訳者も Fachlehrer für Polytechnik を単に「総合技術教師」と訳していることが多い。

以上が総合技術授業のＰＡに携わる専門的な人員の説明である。ＰＡという特殊な教科があるため、学校職員である総合技術授業の教師だけでなく、総合技術センターや実際の労働現場で働く、企業職員であるマイスターや熟練労働者やエンジニアまでが含まれていたという点が、ポイントである。原書ではこれらの人員を Polytechniker と呼んでいる。訳者はこれに「総合技術スタッフ」という訳語を当てている。

以上のまとめとして、「総合技術スタッフ」とその関係を整理したものを図1として掲げておきたい。

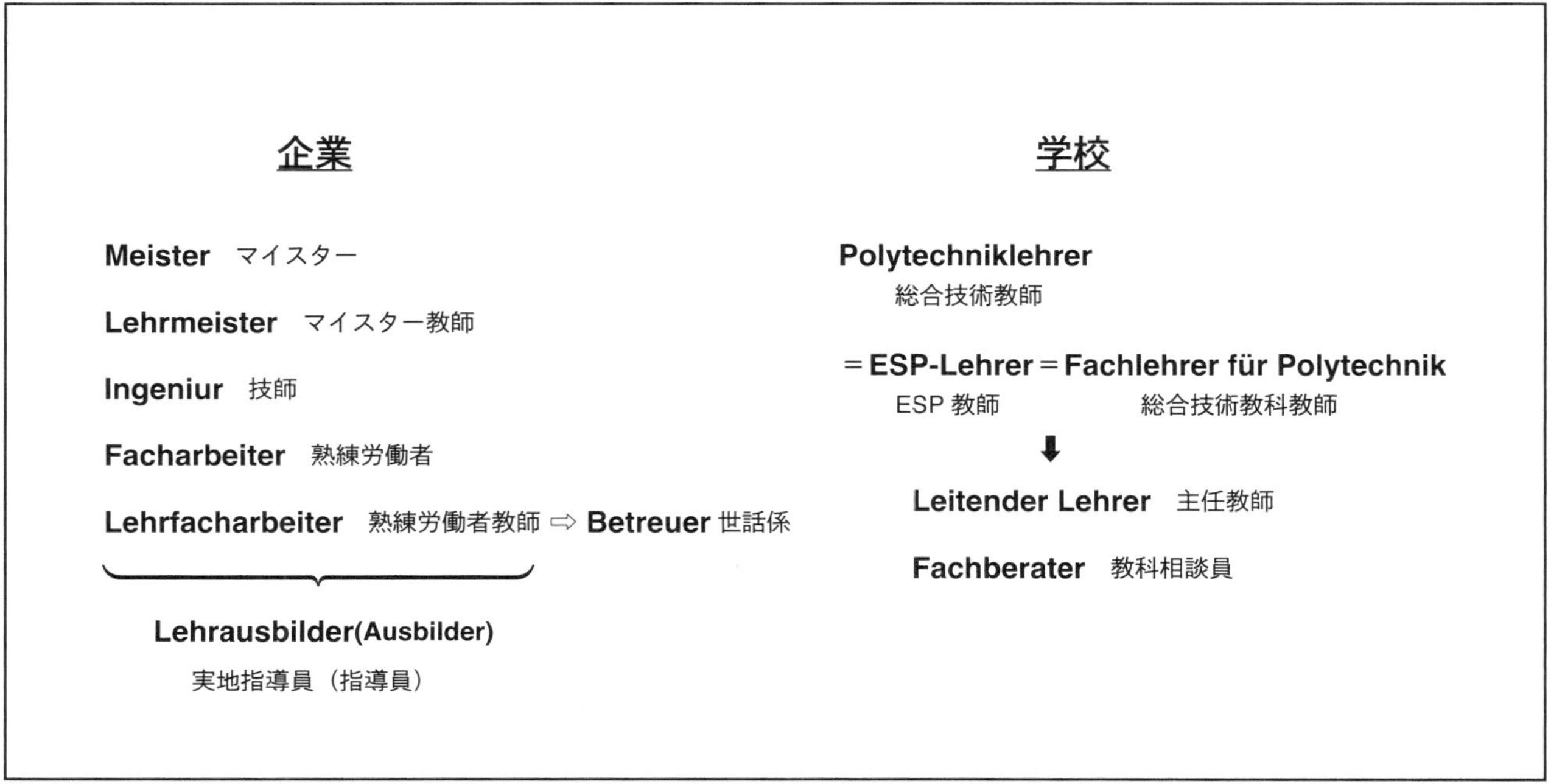

図１：ＰＡに携わる Polytechniker（総合技術スタッフ）関係図

総合技術上級学校（POS）
―― とは何だったか？

Polytechnische Oberschule(POS)
-Was war das?

【原書】5頁

総合技術上級学校（ＰＯＳ）は東ドイツの単一の一〇年制の学校でした。［Zehnklassige allgemeinbildende polytechnische Oberschule 一〇年制一般陶冶総合技術上級学校が正式名称。］一九七〇年代の半ばまでは選抜された生徒が九年生から、アビトゥア［大学進学資格］のある拡大上級学校 Erweiterte Oberschule（ＥＯＳ）に通うことができました。特に才能のある生徒にも、ＰＯＳの一〇年生の後にＥＯＳに入学する機会が与えられました。一九七五年頃からはこの進学は特定の規則にしたがって行われるようになります。そのため、その後、東ドイツのすべての生徒は実際に一〇年生までこの単一の学校に通いました。ＥＯＳだけでアビトゥアを取得するのでなく、職業訓練とアビトゥアを組み合わせることも可能でした。この教育コースは三年制でした。［職業訓練とアビトゥアの組み合わせについては原書25頁に詳しい。］そしてもう一つ、人民大学 Volkshochschule［成人教育センター、とも］も、外部からアビトゥアを取得する機会とそれによる東ドイツの国立大学で勉強するための前提条件を提供しました。

〈解説〉

ＰＯＳ：Zehnklassige allgemeinbildende polytechnische Oberschule は一〇年制「普通教育」総合技術上級学校とも訳せる。しかし、「教育」には Bildung と Erziehung があるが、ここでは Bildung が用いられているので、あえて「陶冶」と訳したいということ、また「一般陶冶」という言葉にはなじみがあるが、「普通陶冶」という言葉はなじみがないということ。この理由から一〇年制一般陶冶総合技術上級学校という訳語を当てている。

東ドイツの学校は最初の学校法である一九四六年の「ドイツ学校民主化法」で八年制の基礎学校が誕生した。そして基礎学校の上にアビトゥアを付与する四年制の上級学校が続いた。その後二つ目の学校法である一九五九年の「ドイツ民主共和国における学校制度の社会主義的発展に関する法律」では基礎学校がＰＯＳ（一〇年制）に発展し、アビトゥアを付与する一二年制の上級学校が併存する形を取った。しかし三つ目で最後になる学校法である一九六五年の「統一的社会主義教育制度に関する法律」では、一二年制の上級学校がなくなり、ＰＯＳに一本化された。これによりアビトゥアを付与していた一二年制の上級学校の内の一一年生と一二年生の二年課程が残り、アビトゥアを付与する拡大上級学校（ＥＯＳ）になったのである。[16]

さて、ＰＯＳの話に戻ります。ロストック〔東ドイツ北端の県〕からズール〔南端の県〕まで、すべての教科に同じレアプラン Lehrplan〔学習指導要領〕が適用されました。総合技術授業が総時間数に占める割合は、一一・〇％でした。この割合は、ドイツ語とドイツ文学（二二・九％）、数学（一七・〇％）および理科の授業（一二・二％）の分野が上回っています。他には、外国語は一一・〇％、体育は七・五％、芸術教育／音楽は六・八％でした。（出典：Jana Schröter:Bildung und Erziehung in der DDR.Verlag diplom.de 1998）

つまり、授業教科の四〇・二％が、数学と自然科学と総合技術の教材内容だったのです。

総合技術上級学校（ＰＯＳ）は一九五九年以来この名称を持っています。この背景には、すべての教科で理論的に浸透する行動と実践的な行動を一体化する vereinigen 必要があるという原則がありました。「総合技術的原則 Polytechnisches Prinzip」として、それは当時の学校の基本的な概念でした。化学の教師であるかドイツ語の教師であるかに関係なく、常に教室で総合技術授業との結節点 Anknüpfungspunkte を見つけなければなりませんでした。「労働愛」は、教科を超えて生徒に育まれるべきものでした。

〈解説〉

総合技術授業（ESPとTZとPAの三教科）が一〇年間の総時間数に占める割合は一一%と、意外と少ない。生産現場での「生産労働」（PA）が加わる七年生から一〇年生の三年間の時間数だけを見ても、訳者の計算では約一五%である。しかし、数字だけを見てその重みを判断しない方がよいということだ。総合技術授業を行うための施設として総合技術センターが作られた。工場や農場に生徒の労働現場が設けられた。人々は総合技術授業にかなりの資源を投入し、社会的に大がかりに実施していたからである。このことから、総合技術授業はやはりPOSの教育課程の中核的領域であった。

また「総合技術教育は一般陶冶（普通教育）のアスペクトであり領域である」と言われてきた。[17] ここにも総合技術授業の比重の重さが語られている。領域とは総合技術授業のことを意味した。総合技術授業は後のパラグラフで総合技術教育のコア教科 Kernfächer とも表現されている。総合技術授業が教育課程の中核的領域であることが伝わってくる。

では「総合技術教育は一般陶冶（普通教育）のアスペクトであり領域である」と言うときのアスペクトとは何か。ここでは概要しか述べられないが、それは一言で言えば、教育課程全体の編成原理である。すなわち、（ドイツには日本にあるような特別活動などの教科外活動の領域がないため）個々の教科の教育課程の編成原理であるし、諸教科を関連づける原理のことである。また、領域である総合技術授業の教科と他の諸教科との「往還関係」が巧みに意識されるということである。そのためここに書いてあるように、どの教科でも「総合技術授業」との結節点を見つける必要が出てくるということになるのである。

なお、総合技術授業が総時間数に占める割合について著者がJ. Schröter の著作に拠っている点は興味深い。なぜなら、東ドイツ教育研究者にとって東ドイツの教育課程についてといえば Gerhart Neuner の著作に依拠するのが定番だったからである。[18] このことは著者のドレスラー氏が教育学研究者でなく主として総合技術授業の教師であったことからくるものと推察する。

もちろん、総合技術の原則に十分な注意を払いながら、まずに総合技術のコア教科 Kernfächer がこの教育目標 Bildungs-und Erziehungsziel を追求しなければなりませんでした。ＰＯＳでは、それは一年生からの工作科により始まりました。工作科の授業は六年生までありました。七年生からは本来の総合技術授業（ＥＳＰとＴＺとＰＡ）がその後に続きました。

教科「生産労働」（ＰＡ）に関する限り、すでにこの時点でズールの特殊性を指摘しておく必要があります。東ドイツでは普通一般的に、七年生のＰＡ授業は「台部屋 Bankraum」（作業台とその上に組み立てられた万力がある工作室）で行われました。そして八年生では生徒は機械工作室（旋盤、フライス盤、そして例えばボール盤を備えています）で労働をしました。［旋盤は、工作物を主軸に固定して回転させ、往復台上にある刃物を前後左右に動かし、工作物を軸対称状に切削する工作機械。フライス盤は円筒形で複数の刃が付いた切削工具であるフライスを回転させて金属を切削する工作機械。ボール盤はドリルで穴をあける工作機械。］九年生と一〇年生は生産現場に入りました。しかしズールは東ドイツの中でも、工場に生徒生産部門がある数少ない都市の一つでした。この部門は生徒だけで構成され、その上、部分的な製品だけでなく販売用の完成品も製造したり、組み立てたりしました。これについては、後で別途説明します。

【原書】6頁

〈解説〉

ここで再び、生徒の生産労働の現場（生産労働の学習の場）の実態に話しを戻そう。既述のように、生徒の生産労働の学習の場は、ズールには、四種類あった。使用する学年の順に①「工作室」、②機械工作室、③「生徒生産部門」、および④「生徒労働部署」である。

ここでは①「工作室」と②「機械工作室」の説明がされている。すなわち、七年生の①「工作室」。それは「台部屋」とも呼ばれ、作業台とその上に組み立てられた万力がある工作室である。八年生の②「機械工作室」。そこには、旋盤、フライス盤、およびボール盤など備えられてあった。

しかし、九年生と一〇年生では、ズールと東ドイツ一般とは違いが出てくる。東ドイツ一般では、九年生と一〇年生は実際の生産現場があてがわれる。しかし、ズールには、③「生徒生産部門」と④「生徒労働部署」が存在したのである。ズールは伝統的な工業都市であったため、条件に恵まれたのである。

そこで、ズールと東ドイツ一般との違いを、訳者から著者へのメールによる質問と回答に基づき整理すると、次の表1のようになる。

表1：生徒の生産労働の学習の場

<table>
<tr><th colspan="2">ズール</th><th colspan="2">東ドイツ一般</th></tr>
<tr><td>七年生</td><td>工作室</td><td>七年生</td><td>工作室</td></tr>
<tr><td>八、九年生</td><td>機械工作室</td><td>八年生</td><td>機械工作室</td></tr>
<tr><td>八、九年生</td><td>生徒生産部門</td><td rowspan="2">九、一〇年生</td><td rowspan="2">実際の生産現場</td></tr>
<tr><td>一〇年生</td><td>生徒労働部署</td></tr>
</table>

そして両者の違いは、次のようになる。

・ズールでは生徒生産部門と生徒労働部署を設けることができた。ただし著者は、生徒生産部門がズールに固有だとしているが、生徒労働部署も固有であるとはしていない。東ドイツ一般においても、実際の生産現場ではありながら、生徒用の労働部署はあった可能性がある。

・ズールでは機械工作室での作業は実際の生産との結びつきが強かったので、九年生も参加した。

・ズールに固有な生徒生産部門は生徒という名を冠していることから、教育的機能を強く持っており、八年生から参加できた。そのため、機械工作室と生徒生産部門の関連について、著者は次のように述べている：「八年生も九年生も、日によって、生徒の一部は機械工作室にいたり、残りの生徒は生徒生産部門にいたりしました。（例えば、八年生：ハンドルバー組み立て、九年生：ユースエアライフルの製造生産）」

ところで、機械工作室 Maschinenkabinett について、Kabinett は東ドイツでは、Lehr-und Beratungszentrum（指導・相談センター）のことであるとされることがある。[19] そこで、この点を念のため著者に確認すると、機械工作室では、生徒は機械で作業し、成果物は他の部署の生産工程に組み込まれ、組み立てられたということであった。このように機械工作室は実際の生産の一端を担っている。だから「機械工作室」という訳は適切である。

拡大上級学校ＥＯＳの一一年生と一二年生［ＥＯＳは一〇年制のＰＯＳの上に続く二年制学校なので、学年は一一年と一二年になる］には、「科学的実践労働 Wissenschaftlich-praktische Arbeit」（ｗｐＡ）がありました。三人から五人の生徒の小グループが、会社の製造工程からの実践的な課題を受け取りました。彼らは、二学年にわたって彼らの世話をする技師 Ingenieur または工学士 Diplomingenieur と協力してこれを解決しなければなりませんでした。成果の形態は様々で許されました。しかしいずれの場合も、学術論文を提出する必要がありました。それは教師と従業員の前で審査に合格しなければなりませんでした。ある意味で、教科ｗｐＡは後の大学での

原書６頁：EGS の中の電動食品スライサーの組立作業室（出典：ズール市公文書館）

学修 Studium のための一種の訓練でした。

〈解説〉

教科 wpA が大学での学修のための一種の訓練であったとは初めて知る話であった。訳者はもともと国民的基礎教養の形成はどうあるべきかということに関心があった。そのため、一〇年制の一般陶冶総合技術上級学校 POS で行われる総合技術教育（ポリテフニズム）が普通教育として行われていることから、自ずとそれに魅力を感じていた。そのため POS 卒業後に大学進学をする者が通う二カ年の拡大上級学校 EOS での科学的実践労働 wpA については、関心がなかった。しかし、著者もそうであるし、インタビューした総合技術教育経験者の多くが wpA に言及している。この点は意外であった。そして彼らは、それがいかに素晴らしいものであったか、現代にも通用する誇るべきものであったかと一様に評価している。訳者はそれに共感したいし、否定する根拠も持ち合わせていない。しかしそれは、暗に総合技術授業（ESP と TZ と PA）にはいろいろな問題があったが、というようにも聞こえる。しかしそこにはジレンマがある。wpA の評判がよいのは、その前段に POS での総合技術授業があったからではないか。総合技術授業があってこそ wpA はその成果をあげることができたのである。また一方、wpA がどんなによいものであったとしても、前段の POS 抜きにそれだけを切り出して今の時代に移植して同じような成果をあげるということは難しいということである。

このwpA について、ザクセン州、旧ドレスデン県ラーデボイル市の市立公文書館のある職員は、自身の総合技術授業の体験談（インタビューでは必ずしもない）の中で、問わず語りに次のようにメールに書いてくれた。

「一〇年生の後にアビトゥアに進学する人には、wpA と呼ばれる教科がありました。そこでは、三人から四人の生徒のグループが形成され、ラーデボイル市内のさまざまな企業でさまざまな課題が与えられました。それで私は大きな農業企業であるドレスデン早期野菜センターのグループにいました。そこで私たちはあるテーマに関する論文を書く課題を与えられました。すなわち、トマトの過剰生産のための処理オプションというテーマです。他のグループは機械製造会社にいて、他の課題を与えられました。この目的のため、私たちは理論に関して図書館の情報源で研究し、東ドイツ全体のさまざまな加工工場に研究旅行をし、インストラクターの指導の下で成果を出し、論文を書きました。各グループのメンバーは一つのパートを作成する必要があり、その後、これらのパートを合体させました。この科学的研究は最後に情報源のリストを示すことで完成しました。ここでは、研究の専門に関係なく、研究のために必要なツールが提供されました。」

wpA は原書にあるとおりのものとして実施されていたことがわかる。wpA はこのようにグループによる課題学習が特徴で、各学年二週間から三週間の期間が充てられ、課題内容は工場や農場が現実にかかえる課題だったようだ。また、この学習で身につけたものは、課題のテーマ内容についてより、研究方法の方にその比重が大きかったようである。

さて、次の余話は、当時の生徒の視点から企業体でのそのような授業日が実際にはどのようになっていたのかを読者が理解することに、ひょっとすると非常に役立つかもしれません。著者には実際の「体験談」がないので、一九七六年から七年生の架空の生徒に発言を手伝ってもらわなければなりません。

〈解説〉

著者のドレスラー氏は一九四七年生まれのため、総合技術授業は、生徒としての体験はなく教師としての体験しかない。一〇年制への完全移行が一九七五年とされているので、その翌年の一九七六年が選ばれているものと推察する。

1976年の学校の
ある特別な一日

Ein besonderer Schultag 1976

私がこれから説明する毎週水曜日の朝、午前七時にはバス停にいなければならなかったので、いつもより早く家を出ました。私の七ａ［七年ａクラス］だけでなく、同じ学年の他のクラスの生徒も大勢がもうバス停にいました。バスが来たとき、イカルス連節バス［イカルスIKARUSはハンガリーのバスメーカ］がぎゅうぎゅう詰めだったので、私たちは乗りこむのに苦労しました。バスに中はかなりうるさく、年配の人の何人がは私たちを叱りました。自分のスクールバッグと画板が腕の下にあるので、スペースは非常に狭く、窮屈でした。ほとんどの人がＦＡＪＡＳバス停で下車します。下の会社の入り口、「文化会館Kulturhaus」に走りました。走った人もいれば、三〇〇ｍ歩いてそこにたどり着いた人もいました。工場の門でスモックを着た二人の男の人が私たちを待っていました。青いスモックを着た一人のマイスター教師が、周りの七ｂの生徒を集め、クラスを二つのエリアにまとめ、門の通路に姿を消しました。私たちを担当するＥＳＰの先生が私たちを教室に連れて行ってくれました。その時ちょうどベルが鳴り、午前七時三〇分に時間どおりに授業が始まりました。

〈解説〉

当時のＰＯＳの一学級の生徒数は東ドイツ全体で平均二六人とされている。[20] また、原書３頁でも出てきたが、一学年のクラス数は二クラスが標準だった。ＰＯＳの生徒の一日は七時三〇分から八時の間に始業、一四時から一五時の間に終業であった。[21]

【原書】7頁

ナイフ、はさみ、鉋《かんな》、のこぎり、そして鋼《はがね》のくさびが先生の机の上に置かれました。そのようなくさびで、私のおじいちゃんは庭で森から取った丸太を割るのが常でした。私たちは、これらすべての道具を使って何ができるかを尋ねられました。いつも生意気だったハイケから「ヘアカット」が口をついて出ました。誰でも任意の使い道を言うことができました。私の番が来たとき、多くの人がすでに何かを言っていました。私は少し考えて、じゃがいもをナイフで切ることができると言いました。みんなが笑いました。しかし先生は「正しい Richtig!」と言いました。しかし、彼はすぐに別の質問をしました。「髪の毛を切るか、木を削るか、鋼板を鋸歯状にするかに関係なく、これらすべてのプロセスに共通するものは何ですか？」だれも答えを知りませんでした。そこで私たちは、ＥＳＰの教科書を開いて、特定のページを読む必要がありました。五分後、先生はもう一度質問をしました。今度は多くの人が手を挙げました。「何かが分離される」がその答えです。先生は、のこぎり、鉋、やすり、切断機、旋削機などのこれらすべてのプロセスは切断プロセスであり、製造技術の分離 TRENNEN のメイングループに属していると、要約しました。「それは重要か？」と、私は疑問に思いました。しかし明らかに非常に重要だったので、私たちは紙に数文を書いて、それをＥＳＰルーズリーフバインダーに綴じる必要がありました。それでそれは続きました。もちろん、これらの「重要な」分離プロセスについても、スライドを見ました。次に、「くさび角」について議論しました。先生はまたそれを「重要」と説明しました。私たちはＡ４の市松模様の紙の上に赤鉛筆でのこぎりの歯を象《かたど》る必要がありました。これは、「重要な」そして、その先生によって「愛された」くさびの角度でした。それから宿題を書き留めなければならず、ＥＳＰの授業はその日で終わりました。ベルが鳴り、一〇分の休憩がありました。学校と同じように、物事は非常にうまくいっていました。でも先生は一度、教室を覗いて、そんなに騒がしくしないように私たちに忠告しました。

ベルが鳴り、次の時間が始まりました。教科は「製図 Technisches Zeichnen」と呼ばれ、略してＴＺと呼ばれていました。まず、先生は私たちがすべての授業用具を持っているかを確認しました。それはたくさんありました：ドローイングシート、粘着テープ、鉛筆、消しゴム、そしてもちろん製図板と二つの製図用の三角定規。もちろん、何人かはまた忘れものをしていました。

次に、先週始めた製図を製図板に貼り付けなければなりませんでした。当時、シートには余白と図面スペースがありました。技術基準ＴＧＬ〇－一六にしたがった斜体フォントで前の週にすでに、自分の名前、日付、サンプルシートの名称、クラス、つまり七ａ、そして学校名が入っていました。［ＴＧＬ（Technische Normen, Gütevorschriften und Lieferbedingungen）は東ドイツ独自の工業規格のこと（正式には「工業規格・積み荷規定および引き渡し条件」）。］

私たちは紙に描くための補助線を、硬い鉛筆で非常に細かく描き始めました。全部で八行用意しなければなりませんでした。図面シートに書かなければならなかったテキストは、Polylux（オーバーヘッドプロジェクターの東ドイツ製品名）で壁に「投影され」ました。私たちは作業を始めたばかりでした。先生はテーブルに座っていて、明らかに何か他のことをしていました。約一〇分後、彼は生徒の机から机と周り、私たちの「芸術作品」を見ました。彼は称賛し、叱責し、示唆を与えたりしました。私は一行分もう一度線を引かなければなりませんでした。線が少し曲がっていたからです。あまり面白くありませんでした。一部の女子は明らかにこの課題をと

【原書】8頁

ても楽しんでいました。彼女たちはとても一生懸命でした。その代わり、彼女たちはＥＳＰ授業ではそれほどよくは参加していませんでした。授業の終わりに、先生は私たちの図面シートを集めました。授業時間が始まったときと同じように、「友情 Freundschaft」という言葉で、授業は終わりました。私たちはスクールバッグを詰めて、地下の一階深くに降りて行きました。

私たちは階段で七ｂのクラスに会いました。彼らは今からＥＳＰとＴＺがあります。一方、私たちはこれから二時間のＰＡがあります。

〈解説〉

七年生になると総合技術授業が始まる。その七年生のある一日の様子である。ここではまず、ペアクラスの交代制というものに注目したい。七年生には週四時間の総合技術授業がある。内訳はＴＺが一時間、ＥＳＰが一時間、ＰＡが二時間である。ａクラスはその日の前半にＥＳＰとＴＺ合計二時間を終え、後半に二時間のＰＡを行う。一方ｂクラスはその日の前半がＰＡで、後半がＥＳＰとＴＺになる。これによって、教室と工作室と教職員を休ませず使用することができる。

しかし、気になる点がある。ｂクラスは、先にＰＡを行い、後でＥＳＰとＴＺを受けている。これでは、理論から実践でなく、実践から理論となってしまうのではないかという疑問である。日本では午前中は座学でのＥＳＰとＴＺで「理論」を学習し、午後はＰＡで「実践」を行うと紹介されてきた[22]。しかし、実際はそれほど単純なものではなかったということだ。その時間割は一年間続くのである。年間を通して全体としてＥＳＰとＴＺとＰＡの関係を見なければならない。その日の一日で理論と実践が結合するというようなものではないということだ。そのように理解したい。

またここでは、午前がＥＳＰとＴＺ、午後がＰＡ、またはその逆で、どちらにせよ一日で理論科目と実践科目が行われていた例が書かれてあるが、一般には、必ずしもそうではなかったようである。ＥＳＰとＴＺだけの日とＰＡだけの日を隔週で行うケースや、ＥＳＰとＴＺだけが二週、ＰＡだけが二週続くというケースも多くあったようだ。労働現場の事情や、地域によってはＥＳＰとＴＺを行う場所とＰＡを行う場所が離れている事情があり、それに左右されたようである。このことは後（原書24頁の訳者の解説）にも触れている。

いつものように、二人のマイスター教師が工作室に来ていました。私たちは作業用のエプロンを身につけました。そして、再び「友情」と言って席に着きました。一人のマイスター教師が私たちの今日の課題を短く簡潔に説明しました。最初の一時間は：会社のスチール鋼倉庫の見学。次の一時間は：一片の帯鋼を長い時間かけて鋸挽《のこ》きします。〔四本の帯鋼を、一本を五人くらいで鋸挽きし、切断した。著者に確認済み。〕

私たちはどのように動作するべきかの安全指導がありました。この指導には署名が必要でした。すぐに会社の中庭に出ました。そこには二人目のマイスター教師が手押し車をもって立っていました。二人の若者がそれを引かなければなりませんでした。マイスター教師はそのために最も屈強なクラスメートを選びました。私は小さすぎたので、問題外でした。スチール鋼倉庫には五分ほど歩いて着きました。そこの上司は、どんな鋼をどれくらい保管しているかを簡単に説明しました。彼は私の父の「スケート仲間」だったので、私は彼を知っていました。彼は私のことがわかり、親しくうなずきました。私たちは車に四本の長い帯鋼を積み込みました。そのため怪我をしないよう大きな保護手袋をはめました。ちょうど休憩時間に私たちは工作室に戻ってきました。

〈解説〉

安全指導は常に行われ、指導内容は作業現場に掲示もされた。安全指導には署名が必要だったという点は注目される。これは生徒全員による署名である。このことについて著者に確認したところ、次のような説明であった。「労働安全に関する指導は常にあり、とても重要だった。事故が発生した場合、教師が法的に免責になるからでもあるが、もちろん、第一の関心事は生徒の安全である。」ところで事故は実際にはなかったのか。この問いにドレスラー氏は次のように答えている。「それは、非常にまれでした。ハンディキャップを引き起こすような大きな事故は幸いありませんでした。」。ドレスラー氏の知る範囲では重大事故は起きなかったということである。

ＰＡ授業の休憩時間はとても静かになりました。二人のマイスター教師は事故を防ぐため細心の注意を払い監督しました。休憩後、私たちは課題の説明を受けました。鋼片が各作業台に置かれました。壁パネルには寸法のスケッチがありました。その後、まずけがき針とＴ定規で長さをマークする必要がありました。次に、帯鋼片を万力に固定し、長い時間かけ鋸で切断しました。その後、固定を解き、再び固定し、やすりでバリを取り除きました。その際、先生が少し手伝ってくれました。ウルリケは文句を言いませんでした。彼女は「落第［正確には原級留置］」して七年生の初めから私たちのクラスに来ました。そして少し大柄でした。それに、彼女は前学年からそのことを知っていました。その後、全員が作業を終了しました。マイスター教師たちは、数字を刻印する道具で加工品に数字を打ちました。これにより、全員が次のＰＡの日に「自分の」加工品を確

【原書】9頁

原書９頁：この建物—今でもジムゾン文化会館として知られていますが—の地下で７年生のPA 授業が行われました。１階エントランス左側は 7-10 年生の ESP 授業の部屋。（出典：ズール市公文書館）

実に受け取ることができました。次は手洗いでした。私たちはかばんにエプロンを詰め込み、手をきれいにしましたが、中には水ぶくれができた者もいました。私たちは万力を背にして立っていました。

〈解説〉

一時間をかけての帯鋼を切断するための鋸挽きとやすりでのバリ取りが描かれている。バリ取りとは金属などの材料を加工するときにできる出っ張りやギザギザを取ることである。これがＰＡの代表的な場面だからであろう。ＰＡの体験談でＰＡを否定的に捉える人には、この場面を引き合いに出す人が多い。その理由がわかる。一時間の単純な繰り返し作業である。手に水ぶくれができた生徒もいたとある。たしかに退屈だけでなく、きつい時間だったのである。

原級留置生ウルリケの登場により、東ドイツには原級留置（落第）があったことがわかる。

その日の午前中四度目の「友情」を口にした後、私たちは工場の門に連れて行かれました。それはちょうどバスが来た時間でした。今度も私たちのせいで、朝と同じくらい満員でした。学校では、まだ一時間の授業が待っていました。地理です。クラス全体がいつもより静かでした。会社にいる時間は、私たちにとって多くのよい影響を与えました。

〈解説〉

工場での学習の後、学校に戻り、一時間の授業を受けたというのは、興味深い事実である。なぜなら、七年生以降の総合技術授業はかつては「生産授業日」と呼ばれていた。その日、生徒は学校に行かず、会社で過ごすからである。既述のように、「生産授業日」は一九七五年全面実施のレアプランからは、ESPとTZとPAの教科に分化した。しかしそれでも、総合技術授業がある日は生徒はやはり学校には行かないので、〝生産授業日〟と呼ばれ続けた。だから、その日は生徒は学校には戻らないものだと訳者は理解していた。しかし、必ずしもそうではなかったのだ。ただ、地域差はあるであろう。工場や農場から学校の間の距離がある場合、学校に戻っての授業は行われなかったであろう。この点は別の機会に確かめる必要がある。

ズールの総合技術授業年表

Zeittafel des polytechnischen Unterrichts in Suhl

［一九四五年八月　ソビエト軍指令］
［一九四六年八月　「ドイツ学校民主化法」］
［一九四九年一〇月　「ドイツ民主共和国憲法」、東ドイツ建国］

一九五七年

ズール市で一九五八／五九学年度が始まるまでに総合技術授業が導入されることができるよう、準備が始まる。

一九五八年

生徒が企業での生産授業日ＵＴＰに初めて通う。
エルンスト・テールマン－工場（ショル Scholl 姉妹学校）
ＳＩＭＳＯＭ（ジムゾン）
ＥＧＳ（コーバー Kober 工場［旧ヴィルヘルム・コーバー金属工場］）ゼーレンビンダー通り
理論的な授業が学校でもショル学校でも導入される。

［一九五九年一二月　「ドイツ民主共和国における学校制度の社会主義的発展に関する法律」：一〇年制一般陶冶総合技術上級学校（ＰＯＳ）の導入。ただし、一二年制上級学校も併存。］

【原書】10頁

一九六四年

生産授業日と理論的な授業がそれぞれの場所で組織的に行われるようになった。すなわち、ジムゾン工場、ショル学校、ＥＧＳ（ただし九年生と一〇年生だけのＥＳＰ）ゼーレンビンダー通りで。

［一九六五年二月　「統一的社会主義教育制度に関する法律：一〇年制一般陶冶総合技術上級学校（ＰＯＳ）に一本化。（一九七五年に完成を予定）」］

一九六六年

国営企業精密測定器具工場ズールに、総合技術教科教師（ローラント・シュレーゲルミルヒ）が一人だけの総合技術の小さな実地教育場 Ausbildungsstätte が存在している。

［一九六七年　ズール市（都市郡Stadtkreis）となる］

一九六九年

ツェラ－メーリスのタール通りにある国営企業ＥＧＳ ズール工場Ⅱにある総合技術実地指導センターは、ツェラ－メーリスの学校だけを担当しているのではない。ズールの生徒がそこで授業を受ける。

国営企業「エルンスト・テールマン－工場」ズールと国営企業「ジムゾン－工場」ズールが合併し、「国営企業車両・狩猟用武器工場」ズールに。工場Ｉ（ハインリッヒス）に、ほとんどの生徒を受け入れる総合技術センターが設立される。

一九七〇年

住宅建設コンビナート「ヴィルヘルム・ピーク」ズールが総合技術授業を始める。ＥＳＰ授業は、ラオテンベルクにある企業内学校「フィルップ・ミューラー」で行われる。ＰＡは市のいろいろな実地教育場に分散している。

［企業内学校は、ドレスラー氏の説明によると、「企業内学校では、通常は大企業（いわゆるコンビナート）の見習いだけが教えられました。他のすべての見習い（職人、商人など）は地元の専門学校に通っていました。」］

一九七一年

国営企業電化製品工場ズールで、九年生と一〇年生のＰＡ授業が、（当時は！）工場地帯であったズールーノルトにある工場の新しく建てられた建物で始まる。

一九七六年

国営企業精密測定器具工場ズールが生徒数の増加に伴い、一部のクラスのＰＡ授業を担当。

一九八五年

住宅建設コンビナート「ヴィルヘルム・ピーク」がラオテンベルクのシューマン通りに総合技術センターを建設し、以前は市内に分散していた実習室を放棄する。

［一九八六年　情報学Infomatikが年間三〇時間加わる。］

一九八九年

農業コンビナート ズールは、非常にわずかなクラスに対して生徒数がたいへん増加していたので、"Gutshaus" ズール－メーベンドルフで総合技術の実地教育 polytechnische Ausbildung（ＰＡのみ）を開始する。

一九九〇年

ズール市での総合技術の実地教育が終わる。

すべては
どのように始まったか
——党が道を決めた

Wie alles begann
—Die Partei bestimmte den Weg

第二次世界大戦の終結後、ソビエト占領地域の学齢期の子どもたちは、一九四六年から単一学校で教育を受けました。新任教師と一九三三年から一九四五年の体制に責任のない教師が教師集団を構成しました。当時は学校制度に限らず、簡単な年ではありませんでした。一九四九年一〇月七日に東ドイツが建国され、その三年後の一九五二年、SED〔東ドイツの政権党である社会主義統一党のこと〕は第二回党大会で「社会主義を構築すべきである」と宣言しました。この決定により、諸州 Länder も解散し、ズール県 Bezirk を含む一四県が行政単位として決定されました。対応する専門部門を備えた「県評議会 Räte der Bezirke」が行政業務を引き継ぎました〔評議会 Rat というのは議会で選出される執行機関のことである〕。SEDが多かれ少なかれ婉曲的に発言権を持つ中央集権国家への一歩でした。学校部門に関して言えば、東ドイツのすべての県のそれぞれの「県評議会」に「国民教育部」もありました。それは「上から」命じられたものをそのまま移し換えました。もちろん、「総合技術 Polytechnik」の〝叙任〟も例外ではありませんでした。

社会主義の建設のための資格のある専門家集団を育成するために、一九五八年九月一日に総合技術授業が導入されました。〔社会主義になったからでなく、社会主義建設のための人員育成のための総合技術授業という位置づけは興味深い。〕これに先立つ一九五六年のはじめに、授業と生産労働の結合のための学校実験が、生産授業日 Unterrichtstag in der Prodktion（UTP）の形で行われました。すなわち、毎週一回、生徒はUTP授業に通いました。一九五八年にSEDの学校会議があり、その中では特に総合技術が中心的なテーマになりました。一九五九年SED中央委員会はそれについての論文を発表しました。そして一九五九年の学校法〔「ドイツ民

【原書】11頁

主共和国における学校制度の社会主義的発展に関する法律」とレアプラン集 Lehrplanwerk の準備に取りかかりました。そのレアプラン集は、産業の様々な業種——農業の業種もありました——の中から次のような基本コースへの入門を企図しました。

七年生　金属の基本工程
八年生　機械工学一／電機工学
九年生　農業
一〇年生　機械工学二

この基本コースができたことでレアプランに基づいた体系的な実地教育に必要なものが、生徒の生産労働に組み込まれました。

〈解説〉

一九四六年の「ドイツ学校民主化法」に代わる一九五九年一二月の「ドイツ民主共和国の社会主義的発展に関する法律」の制定により、東ドイツの学校は反ファシズム的民主主義学校としての役割を終え、社会主義学校へ移行した。既存の一二年制の上級学校と並行し、一〇年制一般陶冶総合技術上級学校（ＰＯＳ）が創設され、義務就学年限が八年から一〇年に延長した。この学校法は「総合技術教育は全学年をつうじ教授と訓育の基本的特徴であり、要素である。」（第四条）と規定している。

教育課程は学校法に沿いながら改訂されたり、逆に学校法を先導する形での改訂がされたりした。そこで、一九五〇年代の総合技術授業を整理しておく。

一九四八年頃よりソ連の教育学の紹介と研究が始まった。一九四九年に東ドイツ建国。一九五一年九月新教育課程。この教育課程はマルクス＝レーニン主義に立脚し、数学と自然科学を重視し、系統的知識取得に道を開き（新教育＝改革教育学の傾向からの脱却。一方で、教材過多の問題を招く）、教育の主要領域として、体育、知育、道徳教育、美育と並び、総合技術教育を初めて取り上げた。一九五六年教育課程。「工作科」「製図科」新設。企業内実習の開始。一九五八年教育課程。「社会的有用労働」「生産労働」および「社会主義生産入門」が課外活動的に組織される。一九五九年教育課程。「社会主義生産における授業日」（ＵＴＰ）と「社会主義生産入門」という教科・領域に発展。[23]

生産労働と後の教科「社会主義的生産入門」（ＥＳＰ）の内容は、その時はまだ分かれていませんでした。一九六〇年再びＳＥＤ政治局の決定により、生産授業日を安定した構造にする必要があるため、総合技術キャビネット Polytechnischen Kabinett の設置に関する規則が制定されました。（Dirk Bode,Polytechnischer Unterricht in der DDR, Campus Verlag Frankfuut/New York 1978, 81-101 参照）

〈解説〉

原書がここで引用している Dirk Bode の文献の一〇〇頁によると、総合技術キャビネットの設置を義務づけた「一九六〇年のＳＥＤ政治局決定」は次のように述べている。「生徒が生産的な活動のためにさらに優れた理論的および実践的な準備をすることができるよう、独自の手段と力を備えた総合技術キャビネットを工業会社、修理技術センターＲＴＳ（機械トラクターステーションＭＴＳ）、国営農場ＶＥＧおよび農業生産協同組合ＬＰＧに設置するという課題が打ちたてられる。企業でこれが可能でない場合、学校に総合技術キャビネットを設置することもできる。これらのキャビネットには、さまざまな直観教材、機能模型、特定の機械の組み立てと分解の機会、生産労働の準備と数学的および科学法則の適用のより良い理解のための技術的および科学技術的プロセスに関するディスプレイボードが必要である。（政治局決定一―一二頁）」

それで、そこでは、実際の生産に似た条件で整備されたり、あるいは、後に生産の中でそれらを実際に適用するための測定や検査などのスキルが育成されたりしました。これらの総合技術キャビネットは、生徒を企業工程へ、そして直接、生産に投入するというときどき起きかねない破壊的行為への対応策でもありました。概して当時の社会主義的生産授業日の手順には、統一性がありませんでした。そのため、ＵＴＰ授業がどこで行われるかが重要でした。おそらく大多数の人がそれぞれの年に経験したように、それは企業体に可能性がありました。しかし、総合技術キャビネットが学校内にある場合もありました。

〈解説〉

この総合技術キャビネットとは総合技術センターの前身にあたるものである。既述のように総合技術センターは、原則、企業体の中に設けられているが、総合技術キャビネットは学校内に設けられていることがあったということだ。その位置づけが当初は曖昧だったということがわかる。「生徒を企業工程へ、そして直接、生産に投入する」ことが工場における生産の「破壊的行為」になりかねないという懸念が存在していたからだ。その対応策として設けられた総合技術キャビネットや総合技術センターは、学校と工場現場の間の中間的施設であり、学校という人格形成の場とその論理と工場という生産の場とその論理の衝突を和らげる緩衝地帯だったと言うことができるだろう。

【原書】12頁

しかし、ズールで総合技術が始まったのはいつですか？　ギュンター・ヒュフナーは一九四三年に生まれ、ラオターシューレの生徒でしたが、体系的な企業内での授業日のことは覚えていません。すなわち、「年に一、二回会社に行きましたが、それだけです」。彼の隣人のベルント・イェーガーは、一九四四年生まれ、一九五一年入学ですが、彼が七年生の時——一九五七／五八学年度になります——ヴェルナー＝ゼーレンビンダー通りにあった当時の電化製品工場ズール（「コーバー」［地名］のところ）でＵＴＰを体験したことを覚えています。八年生のとき、彼はクラスの仲間全員と一緒にハインリッヒスのジムゾン工場 Simsonwerk に行きました。これにより、ひとつのことが明らかになります。すなわち、ズールの党と国民教育の責任者は、中央決議を順守していたということです！

〈解説〉
ギュンター・ヒュフナー氏とベルント・イェーガー氏の比較の意味は、学年が一年違えば、カリキュラムが異なったということである。日本でもしばしば起こる。

もう一人の時代の目撃者はクラウス・ランパートです。後に彼自身がズールの教師になり、当時はホーエロー学校の生徒でした。彼は一九四七年生まれです。一九五九／六〇学年度と一九六〇／六一学年度、彼が七年生と八年生のとき、彼はＵＴＰ授業を「二つのパートに分けて」体験しました。学校での一時間の授業の後、七年生は「ショル学校」に自分たちで行きました。そこでやすりや穴あけなど、さまざまな加工技術を練習しました。これは八年生の前半でもまだ続きました。しかし、学年の後半には、ジムゾン工場の現場に通いました。生徒たち、少女のような若者は、そこでは組み立てラインで手伝うよう割り当てられました。しかし、彼らは鋳造部品のバリ取りや、モペットMoped［小型オートバイ］のホイールスポークの締め付けなどの作業も行わなければなりませんでした。八年生では、ＵＴＰの理論的な部分は専ら製図科で構成されていました。ちなみに、ホーエローｰスクールではこの授業はツィークラーさんから受けました。しかし、当時の生徒のひとりは、比較的頻繁に行われた授業の中止と、「穴埋め」で校庭でサッカーをしたことを思い出していました。時代の目撃者としての生徒にとってはこれだけです。

しかし、当時の新聞「自由の言葉 Freies Wort」も見てみる価値があります。一九五八年八月二六日、「私たちの学校から」という見出しの下に、「社会主義的転換の年へ」という見出しの付いた記事が一面に掲載されました。［Freies Wort は日刊紙で、ズール県内住民を対象とした新聞。ＳＥＤズール県管理部が発行していた。］

「一九五八／五九学年度はすべての学校で社会主義的大転換の年になる。私たちの党の三五〇人以上の同志が日曜日にこの解決策について話し合いました……。協議（県学校会議）の焦点は、総合技術授業の導入でした。」

明らかに、その時点で多くの教師が東ドイツから逃亡していたため、メインスピーカー（リーゼル・イェンデ、ＳＥＤ県管理部書記長）が、総合技術について語るに先立ち、そのことについても、証人台に立ちます。

「同志イェンデは、私たちの共和国を離れ、それによって労働者・農民国家を裏切った不名誉な教師たち

【原書】13頁

と和解しました。そして、同志イェンデは、新学年の初めに始まる総合技術授業について詳しく話しをしました。その際、彼女は芸術教育を忘れないように要求しました。なぜなら、総合技術教育 Polytechinshce Bildung は、私たちの党が設定した大きな目標を実現するために、社会主義の下で人々が必要とする一般的な意味での教育でもあるからです。……二五名の同志が参加した討論では、多くの教師、労働者、協同組合農家が、総合技術授業の準備に関するそれまでの経験について報告しました。いかに生産的な使用を授業と組み合わせることができるかについて、多くの良い例が示されました。」

一九五八年の総合技術授業の導入は、非常に目新しいものだったので、その教科を初めて導入することと、しかし同時にその理解を深めることには、明らかに多くの努力が必要でした。

早くも一九五八年八月二七日、「自由の言葉」紙で総合技術授業のことが再び取り上げられました。

「私たちの共和国での総合技術教育の導入が激しい反対に遭っているという西側の主張は、明らかな嘘です。この会議は、今日だけでなく、すべての優れた教育者の目標が今後、常に生徒に高水準の教育を提供することであるということを示しました。……議論は活発で、寄稿の大部分は闘争的な内容でした。例えば、シュマルカルデン上級学校の同志シュトレイは、『クルトゥアボーテン Kulturboten［文化の使者］』に掲載された同志ビュットナーの記事を批判しました。その記事には、総合技術教育に関する一連の間違った、歪んだ見方が含まれており、総合技術教育の導入は過去の教育思想の純然たる継続であると説明されています。その記事の著者は、総合技術授業が社会主義的な文化革命における一歩であることを理解していませんでした。」

〈解説〉

ここは重要である。総合技術教育は人格の全面発達のための過去の教育思想――ルソーやペスタロッチーなどの教育思想――の単なる継続ではないということが書かれている。マルクスによる意味付与――大工業時代の全面発達のための教育――および、社会主義の果実を享受しての全面発達ということでなく、その社会主義の果実をもたらすべく社会主義建設者として必要な全面発達ということが意味されている。そのことは、「社会主義の建設のための資格のある専門家集団を育成するために、一九五八年九月一日に総合技術授業が導入されました。」と前に（原書11頁）に書いてあったことと同じである。

【原書】14頁

一九五八年九月九日、県の新聞［自由の言葉］は再び総合技術授業に関する記事を掲載し、すべてが「順調に」進んでいるわけではないことを明らかにしました。この記事は「まずは教師を啓蒙する」と題され、教師の労働に関する知識の不足に言及しました。教科書にも欠陥があり、内容を笑う生徒もいます。「私たちは子どもたちの手に、私たちの人生の質問に対する答えを見つけることができる本を与えなければなりません。」記事の要約には多くの情念が含まれています。「私たちは皆、この偉大で簡単ではない課題に一緒に取り組まなければなりません。私たちはそれを創造します。難しすぎると言う同志が悪いのです。双方の側の強い意志があれば難しいことは絶対にありません。」

〈解説〉

あらたな教育課程の実施には教師の準備と教科書の準備が当然、必要である。しかし上意下達での総合技術授業の導入であったことと、ドイツ教育史上未経験の領域であることから順調に進まなかったというのは、自然な展開である。

学校教育の新しい領域についての議論も住民の間で公然と行われました。「自由の言葉」紙の一九五八年八月二八日、すなわち一九五八／五九学年度の開始のわずか数日前に、次の見出しの下に記事が掲載されました。「総合技術授業は健康上、有害か?」次のように書かれていました。「私たちの学校の社会主義的転換期を迎える一九五八／五九 学年度の開始とともに、それが社会主義教育の中核としての生産授業日の導入を想定しているため、生産授業日をめぐって今年は特に議論が活発です。全員が同じ意見ではありません。一部の医師はもちろん、多くの保護者も、労働現場での授業日の導入は子どもたちには負担が多き過ぎ、彼らの健康に悪影響を及ぼす可能性があると考えています。」

当時の県の医師であり、また労働安全衛生検査官でもあるシャーデ医師につらなる医師達は、総合技術授業が健康に有害であるということを否定しました。小児科のエアフルス・ザルベ医師だけが若干の種の懸念を表明しました。しかしそれは、非常に慎重に述べられました。「総合技術授業は、子どもたちにとってまちがいなくよいものです。当然すべての新しいものと同じように、最初は困難がありますし、所々に的を外してしまうこともあります。子どもたちはこれ以上対応できないので、もちろん私は総合技術授業による追加の負担について懸念しています。」

「自由の言葉」は、当時非常に有名で人気のあったズールのこの医師の意見を論評なしにはしませんでした。論評全体を省略せずにここに引用します。

「ドクター・エアフルス、あなたの恐れは根拠のないものです。新しい授業教科『工業と農業における社会主義的生産入門』は、子どもたちにとって追加の負担ではなく、以前の一面的な通常の学校の授業を週に一日だけ生産に移すだけの問題です。総合技術教育によってペスタロッチーや他のヒューマニズムの教育学者の求めていたものが、実現されるのです。また、このような教育形態を持つ国としての重要性も見てください。全面的に教育された人間の育成は、ドイツ国民にとって計り知れない価値があるからです。総合技術教育は、ドイツの人々のヒューマニズムの伝統と結びついています。若者があらゆる方法で生活 das Leben とその問題に対処できるよう、若者が段階的に育てられるという事実に、ドイツで誰が反対できるでしょうか？　だから、総合技術授業では、理論と実践の間のつながり以上のものを見てください。」

もちろん、それは特別な種類の「教え〔叱責〕」であり、特に「功労国民医師」の称号を授与された人物に向けたものでした。今日では、それはあまり原則的なものではなかったのではないかと人々は自問自答しますが。

【原書】15頁

しかし、当時はこの新聞のスタイルが一般的でした。

〈解説〉

生徒が工場労働に参加するとなると、たしかに健康への影響は懸念される。そのことが生徒の生産労働のスタート時点で問題となり、議論されていたということは、たいへん興味深い。時代は下って一九七〇年代の生徒の生産労働に関する内部研究資料も、機械労働が生徒の健康被害に及ぼす影響を考察している。工場では粉塵が生じ、化学物質を扱い、騒音がある。作業環境と対象により視力への影響がある。生徒を健康被害から守るために労働医学との共同が不可欠だとされている。[24] しかし一方、有毒ガスや煙、粉塵、同様の作用がある物質にさらされるような工場や爆発の危険があるような工場での労働は禁じられていた。[25]

労働安全指導については原書8頁と28頁にも取り上げられてあり、重視されていることがわかる。

国は、総合技術授業の導入計画を実行するという大きな野心を持って臨んでいました。もちろん、これには特別に養成された教師が必要でした。

このための学生組織が、しばしば、熟練労働者から採用されました。たいてい彼らは高校の卒業証書を持っていませんが、当時「社会主義的生産」と呼ばれていた重要な経験を持っていました。

〈解説〉

新しい教科の総合技術授業を教える教師は最初はどこから来たのかがわかり、興味深い。最初の教師集団は熟練労働者から採用したということが書かれてある。その後、体制が整うと、後述されるように（原書16頁）、総合技術教師になる方法は一つしかないようになった。初めの頃は四年間、東ドイツの終わりの時期は五年間、大学で学修するということである。養成課程が未整備な最初の時期だけ、職業界から教師になった者がいたということだ。しかしこの場合でも、大学に行く必要があった。アビトゥアを持っていない者は大学の一年間の予備課程に通い、その後、大学に入学しなければならなかった。

当時のディーツハオゼン育ちのクラウス・デーベルツホイザーは、ジムゾン工場での見習いのこと、国防軍NVA［Nationale Volksarmee 国家人民軍　東ドイツの国防軍の正式名称］での兵役期間のこと、そしてエアフルト教育学研究所で「数学／社会主義生産の基礎」を学び始めたことを記録している。［エアフルト教育学研究所 Pädagogical Institute Erfurt（PＩエアフルト）は一九五三年に設立され、一九六九年にPＩミュールハオゼン Mühlhausen とともにエアフルト／ミュールハオゼン教育大学 Pädagogische Hochschule になった。］一九六〇年代初頭、このエアフルトの教師養成所 Erfurter Lehrerbildungseinrichtung の教師陣の大半は、さまざまな専門の教師で構成されていました。もちろん、職業学校の教員は新教科の［教員養成の］講師として特に需要がありました。その中には、ショル学校（エルンスト・テールマン工場の職業訓練センター）で最初に一躍名をあげたズール市のヴォルフガング・ヴェティヒもいました。一人の例外を除いて、デーベルツホイザーの仲間の学生はすべて男性でした。エアフルトの同級生の中で最年長はすでに五〇代半ばでした。これは、総合技術の実地教育 polytechnische Ausbildung の開始のため、十分に訓練された専門の教師を用意するという当時の重圧を間接的に物語っています。デーベルツホイザーは一九六二年に大学で勉強を始めました。最初の二年間は昼間部の通学課程の学修で修了しました。一九六四年からはもう教師として勤務しました。一九六七年まで、彼は当初からの約束どおり、さらに三年間を通信教育で学びました。しかし、それは数学の教師になるためのものでした。一九六四年に、彼はＵＴＰ授業で使用するための完全な資格をすでに取得していました。学修のこの時系列構造により、国は計画していた新しい学校の開始に向けて「的を射る」ことができました。この時代の他の新しい教科の組み合わせは、化学／社会主義生産の基礎、生物学／社会主義生産の基礎、さらには地理／社会主義生産の基礎でありました。

〈解説〉

デーベルツホイザーの学歴は教員養成のルールどおりになっている。つまり。職業界から総合技術教師になったが、二年間は大学で学業を修めている。

一方、総合技術授業の発展はその後も続きました。一九六五年から大きな変化がありました。

1968 年における修正

Eine Korrektur in Jahr 1968

一九六五年二月二五日、「統一的社会主義教育制度に関する法律」が公布されました。この法律は、教育に関するほぼすべてを規定しました。その範囲は、幼稚園から一般陶冶学校、職業訓練、総合大学、専門大学Hochschuleにまで及びました。

〈解説〉

この「統一的社会主義教育制度に関する法律」は東ドイツの学校法の三番目のものであり、東ドイツが終焉するまで続いた。この法律では主に次の四点の改革が行われた。①一二年制上級学校が一〇年制のPOSに吸収され一本化した。これにより職業教育の基礎であり、同時に大学進学の準備教育の基礎であるという一〇年制学校の性格が定まった。大学進学の準備教育は一〇年制修了後の二年制の拡大上級学校（EOS）で行う。②一〇年制学校を四・六制から三・三・四制に改組した。これは細分化により教授と学習の効率を高めるためだとされている。③教育内容が科学・技術の発展を反映し、実際の学校現場で的確に教授されるよう、同法の中で詳細に教育内容を示すとともに、レアプランが教育学者と教師と専門科学者の協力で作成されること、また、レアプランを大綱的基準とする義務が学校にあることが明確にされた。④特別学校・特別学級を設置し、芸術と語学と体育を中心に特殊な才能を伸ばすコースが開かれた。[26]

なお、「統一的社会主義教育制度に関する法律」により出来上がった学校系統図は後掲の図2のようになった。[27]

その法律（第四部第一節第一六条第二項）では、総合技術授業に関しては、次の引用のようになっています。

「総合技術授業で生徒は系統的に、社会主義的生産の科学的‐技術的、工学的そして政治的‐経済的基礎について精通する必要がある。実践的な活動は、近代的な機械と設備と装置の操作により強く方向付けられ

【原書】16頁

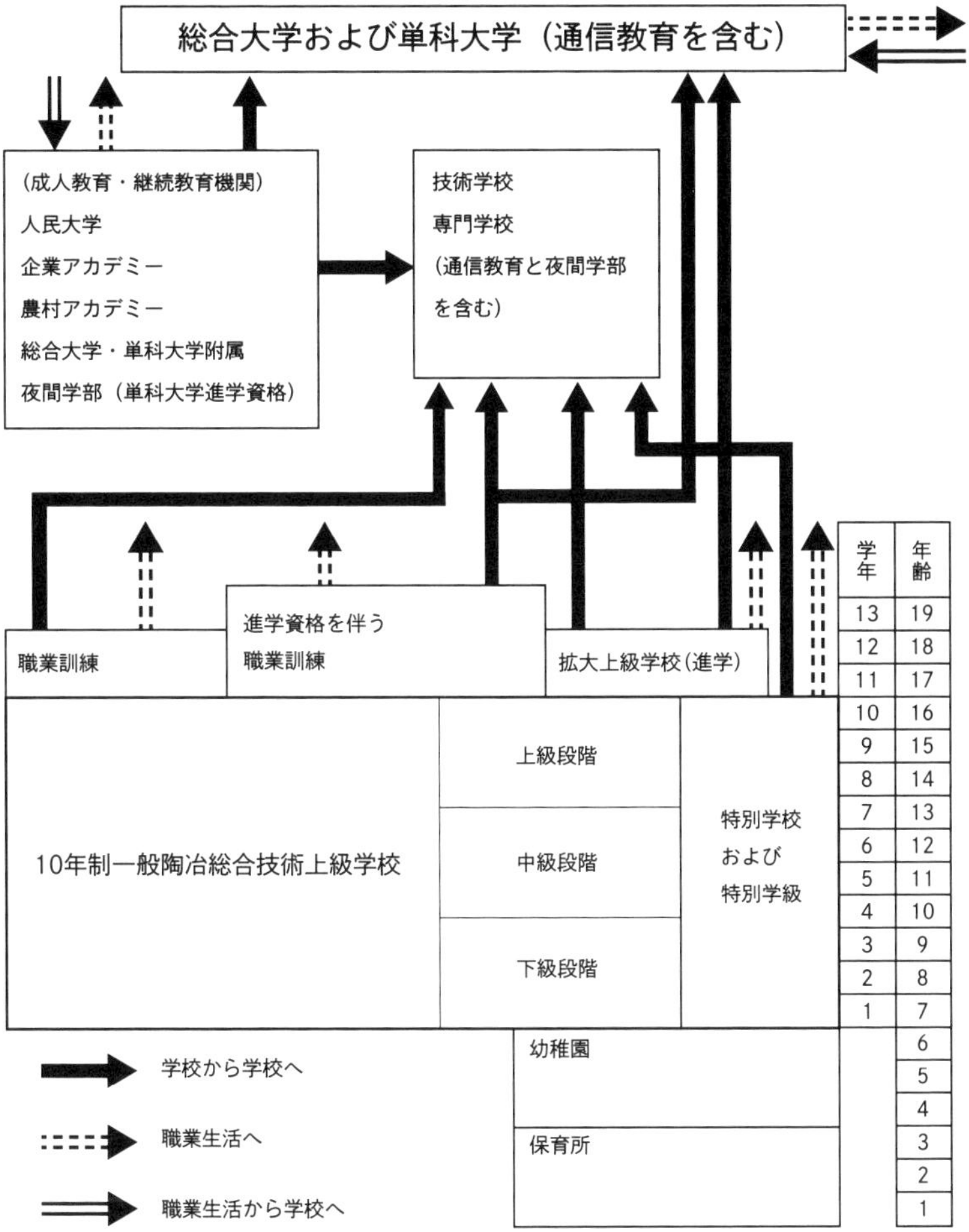

図２：「統一的社会主義教育制度に関する法律」における学校系統図

る。総合技術の実地教育は社会主義的企業の中で行われる。九学年と一〇学年では生徒は職業準備的な総合技術授業か職業的な基礎訓練 Grundausbildung を受ける。生徒と労働者集団との密接な接触、および生産課題の自主的で責任ある遂行を通じて、労働に対する社会主義的態度は特に発達するであろう。」

一九八九年まで有効だったこの包括的な法律は、当時の東ドイツ国家評議会議長のヴァルター・ウルブリヒトによって署名されました。

〈解説〉

「統一的社会主義教育制度に関する法律」に関して、わが国ではこの総合技術授業に係るこの条文の内容がクローズアップされるべきであったと感じる。九年生と一〇年生は企業の労働現場で生産労働を行うが、これは、「職業準備的な総合技術授業」か「職業的な基礎訓練」でなければならなかったのである。

総合技術教育はその全体は普通教育（一般陶冶）である。そのことは「一〇年制一般陶冶総合技術学校」という名称に示されている。だから総合技術授業も、職業教育とは無縁なものであるという書きぶりになりがちであった。訳者にもそのような理解があった。しかしそれは、東ドイツから遠く離れた日本においてユートピアを夢みるような〝幻想〟であったと反省しなければならない。現地では現地のリアリティの中で総合技術授業は実施されていたのである。[28]

この職業準備的なものでなければならないという点は、前に述べた、総合技術教育は全面的に発達した人格を育てる教育であるが、子どもはその教育の享受者としてその人格を獲得するだけでなく、その人格を育てることが可能な社会の建設者としてその人格を獲得しなければならないという理屈と重なる。

一九六四年から一九六九年にかけて、すべての教科を対象とした包括的なレアプラン集が作成されました。数学、自然科学および総合技術の諸教科の授業の時間数の比率は約四〇％でしたが、一〇年生では五五％もありました。一九六五年のこの学校法の施行により、「義務学校」（一学年から一〇学年）は総合技術学校（ＰＯＳ）となりました。

その名称により、この総合学校の生産と技術の関連が外部からもはっきりわかるようになりました。すでに説明したように、すべての教科の教師は「総合技術的原則」を守らなければなりませんでした。この原則の実装に対しては例えば教科相談員 Fachberater によって授業時間の観察が注意深く行われました。

一九六八年、ついに総合技術のために養成された最初の専門の教師が教員養成施設からやって来ました。彼らの学位は「工作／総合技術科教師 Fachlehrer Werken / Polytechnik」と呼ばれていました。この名称によって工作授業（一年生から六年生）は総合技術授業の構成部分であることが明確になりました。

〈解説〉

教師の学位の名称というのは日本で言えば教員免許状の名称に相当する。それが「工作／総合技術科教師」であるのは、総合技術授業の性格を表しているものとして興味深い。工作科は総合技術授業教科の範疇には含めないが、前に述べたように、学位には関連教科であることが明示されている。総合技術授業教科には製図ＴＺがあるが、すぐ後でも触れるように、工作科には製図の教科内容もあったのである。

10 年制一般陶冶総合技術上級学校の 1971 年の時間表

学年	1 年前半	1 年後半	2 年	3 年	4 年	5 年	6 年	7 年	8 年	9 年	10 年
ドイツ語・文学	11	10	12	14	14	7	6	5	4+1	3+1	3
ロシア語	—	—	—	—	—	6	5	3	3	3	3
数学	5	5	6	6	6	6	6	6	4	5	4
物理	—	—	—	—	—	—	3	2	2	3	3
化学	—	—	—	—	—	—	—	2	4	2	2
生物	—	—	—	—	—	2	2	1	2	2	2
地理	—	—	—	—	—	2	2	2	2	1	2
天文	—	—	—	—	—	—	—	—	—	—	1
総合技術	—	—	—	—	—	—	—	4	4	5	5
内訳 TZ	—	—	—	—	—	—	—	(1)	(1)	—	—
ESP	—	—	—	—	—	—	—	(1)	(1)	(2)	(2)
PA	—	—	—	—	—	—	—	(2)	(2)	(3)	(3)
工作	1	1	1	1	2	2	2	—	—	—	—
学校園	—	1	1	1	1	—	—	—	—	—	—
歴史	—	—	—	—	—	1	2	2	2	2	2
公民	—	—	—	—	—	—	—	1	1	1	2
美術	1	1	1	1	2	1	1	1	1	1	—
音楽	1	1	1	2	1	1	1	1	1	1	1
スポーツ	2	2	2	2	3	3	3	2	2	2	2
必修週時間合計	**21**	**21**	**24**	**27**	**29**	**31**	**33**	**32**	**32+1**	**31+1**	**32**
選択											
第二外国語	—	—	—	—	—	—	—	3	3	3	2
必修選択の設定課題学習	—	—	—	—	—	—	—	—	—	2	2
裁縫	—	—	—	—	1	1	—	—	—	—	—
最大週時間	**21**	**21**	**24**	**27**	**30**	**32**	**33**	**35**	**35+1**	**34+1**	**34**

出典：[G.] Nnuner "Allgemeinbildung,Lehrplanwerk,Unterricht" Volk und Wissen 1973.

原書 16 頁：10 年制一般陶冶総合技術上級学校の 1971 年の時間表［学年別教科別週あたり授業時間配当表］。興味深いのは今日の時間表との違いである。

当時の教科ＥＳＰ（「社会主義生産入門」）の授業内容は何だったのか？　七年生では選択された製造技術プロセスの知識が伝えられました。八年生段階では機械工学が授業対象でした。つづく九年生では個々の機械要素がより詳細に扱われ、同時に経済的な事実――もちろん当時の社会主義経済についての――が教えられました。電気工学は一〇年生のＥＳＰ授業の中心でした。

教科ＰＡ（「生産労働 Produktive Arbeit」）では、生徒は特別に設置された専門キャビネット Fachkabinett および生産現場そのものの中で労働を行いました。これについては、この出版物の三節後で詳しく説明します。「原書16頁と17頁の」二つの表は、一年生から一〇年生までの総合技術授業の割合と、総合技術授業の学習目標を示しています。

〈解説〉

総合技術授業（ＥＳＰとＴＺとＰＡ）は工場や農場との連携で行われるため、レアプランが東ドイツでは一つにかかわらず、各地域の工場や農場の立地条件に左右される性格を強く持っていた。そのため、農場で行う場合、金属加工ができるかという疑問が生まれる。しかし、その心配はなかったとされる。農場の中に農機具の金属製品の製作部署があったからだ。

東ドイツの学校がＰＯＳに重点を置いていることは、当時の連邦共和国［西ドイツ］でも見過ごされてはいませんでした。一九六九年、有名なニュース雑誌シュピーゲル DER SPIEGEL が「早まきの種 Frühe Saat」と

【原書】17頁

いうタイトルで第二〇号に記事を掲載しました。その中で、東ドイツの当時の総合技術授業に取り組んでいた西ドイツの科学者（ヴィリー・ホエルミー Willi Voelmy）の研究を取り上げています。その時の引用です。「ホエルミーは彼の分析の中で『授業で起こるすべてのことが主に政治的動機によって根拠づけられ、制御されているという主張に、その証拠はない』という結論に行き着きました。むしろ、彼は、東ドイツの総合技術授業は、『若者を職業世界と労働世界に参入するためによりよく準備し、現代の産業社会の将来の発展を特に有能にかつ責任をもってともに形づくる能力を彼らに授けることを目的として、ますます前職業的な授業の形態をとっている』ということを発見しました。その成果は計算することができます。一三歳の東ドイツの生徒は全員、今日の連邦共和国の高校を卒業した人ですら持っていないような職業的経験や経済的経験をすでに持っているのです。」

このホエルミーは確かに、ドイツ連邦〔西ドイツ〕の教育大学の科学者の視点から、東ドイツの崩壊の二〇年前の東ドイツの総合技術を説明しました。とはいえ、この評価は目を見張るものがあります。したがって、次の節で初期のズールの総合技術の当時の「ボス Chef」たちについて詳しく知ることができるのは興味深いことです。当時のズールの総合技術の時代の目撃者は、特に、クラウス・ナミスローとディーツハオゼン生まれで今はハインリッヒスのカール－ハインツ・リッツマンです。

〈解説〉
次のＥＳＰとＰＡの学習目標の表は、著者が自身の授業実践に用いたものである。著者が総合技術教師を務めたズール市は工業都市である。しかし東ドイツ全体で見ると、主要産業が農業である地域も多くあった。ＰＡは地域の産業に依存して行われるので、そういう地域では自ずと農業に従事した。また、同じ工業でも分野は地域によって異なる。そこで、訳者が斜体字でその点を補った。[30]

しかし注意すべき点がある。ＥＳＰは地域産業の特色とはそれほど関係しないが、ＰＡはＥＳＰとの理論と実践という対応関係がある。その点はどうなっているのか。その点は、先述したように、たとえ農場であっても、農機具製作部署があるため、金属加工や機械や電気の組立や操作等は可能だったとされる。ただ一〇学年になるとＰＡは農業に特化されると考えてよい。

学年	ESP	PA
7	材料の機械的・技術的加工（切断、成形、塗装、接合）の選択された基礎的な技術的過程 自然科学的アスペクト 経済的アスペクト	簡単な材料の加工 - 手工用の道具を用いて - エネルギー駆動の道具を用いて - 簡単な機械を用いて *地域経済に応じ、工業と農業に分化*
8	機械の構造と機能の基本的な関係 機械の機能とその生産技術的使用の基本的な関係 自然科学的アスペクト 経済的アスペクト	簡単な組立・完成作業 *地域経済に応じ、工業と農業に分化*
9	機械の部品（構成要素）の基本的な構造関係 機械およびシステムの制御および規制の初歩的な基礎 *（工業と農業に分化）* 自然科学的アスペクト 社会主義的生産の経済的、労働組織的および社会学的問題	簡単な材料を加工するための機械の操作、監視、およびメンテナンス *地域経済に応じ、金属加工業、電機工業、建設業、化学工業、紡績工業、および農業に分化*
10	低電流技術と高電流技術の技術構造とシンプルなスイッチングシステムの構造と機能の初歩的な基礎 自然科学的アスペクト 経済的アスペクト	特殊な企業労働での実施 *地域経済に応じ、金属加工業、電機工業、建設業、化学工業、紡績工業、および農業に分化*

原書 17 頁：総合技術授業の学習目標 – 端的で具体的である。斜体字による補足は訳者による。（出典：グンター・ドレスラー 所蔵）

〈訳者による解説だけの特別な節2〉[31]

総合技術授業が提供した技術教育の水準とは

東ドイツの総合技術が当時の西ドイツでは等閑視はされておらず、W・ホエルミー氏による研究が雑誌シュピーゲルの「早まきの種」という記事に取り上げられたとある。記事は総合技術を次のように評価していた。「一三歳の東ドイツの生徒は全員、今日の連邦共和国〔西ドイツ〕の高校を卒業した人ですら持っていないような職業的経験や経済的経験をすでに持っているのです。」（原著17頁）。この評価は、過大評価とは訳者には思われなかった。なぜなら、一三歳段階（七年生）になる前の六年生までのカリキュラムを日本の文献で見る限りでも、そうした評価は正しいと判断できたからである。村井によると、[32]例えば四年生から六年生の間の工作科でも、「測定・検査・けがき」「製図」「材料の性質」「強度と構造の安定性」「初歩の機械工学」「初歩の電気工学」の六領域を系統立てて学習するようになっているのである。

このように考えていたとき、この「早まきの種」の記事をWebで読めることがわかった。[33]それを読むとその推論は正しいことがわかった。しかしそれだけでなく、なぜそのような評価をその西ドイツの研究者が行ったのか、具体的事実に基づいた説明がそこにはあった。

ヴィリー・ホエルミーは教育大学の講師で西ベルリンの教育研究所の研究助手だとされる。彼は、東ドイツの総合技術授業の最新の状況に関する研究の成果として『一九六四年以来の東ドイツの一〇年制総合技術上級学校での総合技術授業 Polytechnischer Unterricht in der zehnklassigen allgemeinbildenden polytechnischen Oberschule der DDR seit 1964』、

MoritzDiesterweg出版社、フランクフルト（全一八四頁）を著した。記事は、この本に基づくものである。

この本には西ドイツの研究者が客観的に、いやむしろ割り引いた目で見た総合技術授業の姿が語られていると言えよう。

以下、記事をたどりながら、当時、西ドイツの教育研究者が総合技術授業というものをどのように捉えていたのかを見てみよう。

東ドイツは、西ドイツの教師や科学者が総合技術授業のシステムを研究することを許可しておらず、また、それ自体についてのまばらな情報しか公開していなかった。そのため、ホエルミーが資料を入手した方法は、ＳＥＤ〔東ドイツの政権党であるドイツ社会主義統一党〕の中央機関紙である「ノイエス・ドイッチュラント」と他の一般に入手可能な出版物をフィルタリングすることであった。

彼は、その方法によって、総合技術授業が開始されてからの約一〇年の間、「東ドイツの生徒を社会主義ロボットに鈍らせたわけではないということ」、「東ドイツの若者は西ドイツの同年齢の者よりもはるかに進んでいるということ」、「彼らはより創造的なイニシアチブと自主性を持っており、職業生活においてより柔軟に行動し、反応することができていること」を明らかにした。

そのため、彼は「西ドイツの教育者は東ドイツでの総合技術授業が、現在、さまざまな西ドイツの教育政治家が長期的な目標として念頭に置いている発展のレベルに達していることを、少なくとも、受け入れる必要がある」と指摘している。というのは、当時、西ドイツでは「前職業訓練の授業」はほとんど計画されているだけで、「労働科 Arbeitslehre」という名前で行われることが多く、「職業、労働、経済の世界への入門」としてはめったに行われなかったからである。

そのようになった一因には、「総合技術」という言葉がカール・マルクスに由来するため、嫌われているという点があるからだと彼は指摘している。

またホエルミーは、「一〇年制一般陶冶総合技術上級学校」を肯定的に評価している。まず、西ドイツの分岐型の学校系統ではなく、一〇年制の単線型の学校系統であることを特長としてあげ、そして次に、その期間に「後に錠前屋になるか医者になるかにかかわらず、すべての若者は同じ職業的な授業を受ける」ことができるとして、その点を特に評価しているのである。そして、それによって「社会主義社会の人々が科学的および社会的に変化した実践に適応するために必要とする知識、技能および習熟が授けられる」と捉えている。

技術教育の具体的な内容について、記事には次のような叙述が行われている。そのまま引用したい。

（［ ］は訳者の補足である。）

「この教育は早くも幼稚園から始まります。幼稚園では、三～六歳の子どもが、テーブルセッティングやベッドメイキングなどを通して、徐々に総合技術の原則［この場合はまだ労働への関心や動機］に慣れていきます。

低学年［一～三年］と中学年［四～六年］のすべての生徒に一年生から、工作が教えられます。すなわち、紙、段ボール、箔［金属の薄片］、人工皮革、木、金属などのさまざまな素材の扱い方を学びます。工作キットを使って練習し、電気模型を組み立てます。

学校園の授業（生徒一人当たり三～四平方メートルの使用可能面積）では、実践的な園芸をしながら農業の基本概念を学びます。すなわち、彼らは苗床を作り、種を蒔き、水をやり、雑草を取り、「抑止力を掛ける［案山子などのことか］」（東ドイツの学習指導要領による）ことによって、鳥の被害から栽培したもの保護します。そして収穫し、収穫物を選別し、マルクとペニヒで収入を計算します。」

しかし、本来の総合技術授業（社会主義生産入門、製図および生徒の生産労働）が始まるのは高学年になる七年生からである。その総合技術授業に至っては、むろん学校で行われるものではない。その点を記事も「週に一度、彼らは総合技術の教科教師と一緒に工場や農業生産協同組合に行きます。そこで彼らはレンチややすりを扱い、旋盤を操作したり、トラクターを運転したりします。」と、驚嘆するように書いている。

そして記事は、ホエルミーが彼の分析をとおして「授業で起こるすべてのことが主に政治的動機によって根拠づけられ、制御されているという主張に、その証拠はない」という結論に行き着き、東ドイツの総合技術授業が、「若者を職業世界と労働世界に参入させるためによりよく準備し、現代の産業社会の将来の発展を特に有能にかつ責任をもってともに形づくる能力を彼らに授けることを目的として、ますます前職業的な授業の形態をとっている」ということを発見したと書いている。

こうして記事は、「その成果は計算することができます。一三歳の東ドイツの生徒は全員、今日の連邦共和国の高校を卒業した人ですら持っていないような職業的経験や経済的経験をすでに持っているのです。」という言葉で締めくくられているのである。

以上に見たように、ホエルミーは総合技術授業を評価しているが、日本の小中学校の技術教育と比較するとどのような評価になるのだろうか。

そのことを「技術教育研究会」という民間教育研究団体の会員メーリングリストで尋ねたところ、一人の中学校教諭から次のような回答があり（二〇二一年）、総合技術授業の技術教育のレベルの高さを実感することができた。

「日本の技術科教育を比較しての意見ですが率直に、東ドイツの教育内容が上であり、より深く社会と関わりのある技術や労働を学んでいると思います。上という表現は難しく、時代も違うので単純な比較はできないと思いますが。……小学生の段階で人工皮革の扱いを学んだり、電気模型の組立てを学ぶのは日本ではありません。小学校の理科で電池で動く車を使って、並列や直列の学習をしたりはしていると思いますが。また中学の段階でも旋盤やトラクターの操作、運転はありません。収穫物を選別することもそう多くはなく、収入の計算もありません。……また技術科の授業は一、二年生で週に一時間、三年生では〇・五時間（二週間に一回）と授業時間が少ないです。」

最後の一文にあるような授業時間数の違いがたしかにあるが、現代の日本の中学校教諭も東ドイツの技術教育の内容について高く評価しているということになる。

新しい教科のための
新しい教師

Neue Lehrer für neue Fächer

クラオス・ナミスローの記憶から、ズール〔一九六七年まで〕は、ツェラ－メーリス〔ズール市の隣の市〕に行政府を置いた県の一部だったことが明らかになります。リッツマンは、その時設立されたズール市 Stadtkreis〔都市郡〕の最後の目撃者でもあります。〔リッツマンは一九五九年から一九八九年まで総合技術教師として関与した。〕

クラオス・ナミスロー、一九三二年生まれは、ヒルトブルクハオゼン〔ズール近郊〕の人ですが、生まれはシレジア〔ドイツ東縁部〕でした。彼の父親が第二次世界大戦前にヒルトブルクハオゼンの土地登記所で職を得たため、子どもの頃に引っ越してきました。

彼はその後、一八歳〔一九五〇年〕でＩＫＡズール〔ＩＫＡは、国営企業 Installationen, Kabel und Apparate：設備、ケーブルおよび装置〕で電気モーター組立工として見習いを始めました〔ただし、ツェラ－メーリスで訓練を受けました〕。彼は一九五三年二月に電気機械製造業者としてこれを成功裏に修了しました。研修期間中に仕事内容が変わりました。二ヶ月後〔!〕、すでに彼は見習工教育係 Lehrausbilder として活躍していました。しかし、一九六〇年になると、彼のキャリアは再び加速するはずでした。一九五〇年代の終わりに、最初の生徒が総合技術授業の始まりを見ました。ジークフリート・ハウプト〔電気工学〕とエヴァルト・ヴァルター〔金属加工〕は、この期間、ＵＴＰの教科相談員の課題を共有しています。両者とも、県評議会〔県議会において選出される執行機関〕に必要とされました。これにより、教科相談員のポジションが空席になりました。カール・ミュラー、当時の県教育長代理〔ズール県〕は、ツェラ－メーリス・ハウプトシュトラーセにある今日の市営住宅協会の建物の隣にあり、その後、取り壊されたレンガ造りの建物に座っていました。ミュラーはクラオス・ナミスローに話しをし

【原書】18頁

ました。見習工教育係のナミスローは、教科相談員の仕事に興味があり、大筋では同意しましたが、ズールのＩＫＡが自分を手放してくれるかという懸念を表明しました。ナミスローは同じ日に辞表と申込書を書き、「雲隠れしました」。そして見習工たちと一緒にバルト海のグロヴェに、休暇キャンプに行きました。彼が戻ってきたときすべてが解決していました。彼はこの時からズール県の総合技術の教科相談員となりました。彼はツェラーメーリスのルターシューレ Lutherschule で製図を教え、教科相談員の業務のために週一〇時間の短縮を得ました。〔教科相談員は週一〇時間、授業担当時間が短縮された。普通の教師は週二四～二六時間の担当である。〕学校評議員（ヴァルター・グロス）は彼に最初の命令を出しました。「まず、すべての学校とＵＴＰ授業の条件整備の様子を見てください！」

当時のズールでは、七年生はショル学校とジムゾン工場（金属加工）、八年生はジムゾン（機械工学）およびＩＫＡ（電気工学）でした。半年後、クラスはそれぞれ企業を交代しました。ジムゾンでは、グラウル氏が総合技術授業を担当し、ＩＫＡではゼッツマン氏が担当しました。二人は「企業経済学」も教えましたが、生徒を生産現場で分担して指導する責任もありました。ナミスローは振り返ってみると、二人とも「落ち着いて献身的」だったと表現しています。一九六五年に、一〇の生徒労働部署を持つ最初の生徒生産部門がズール地区に設立されました。これはＴＫＦ〔THÜRINGER KUGELLAGERFABRIK〕（チューリンゲンのボールベアリング工場ツェラーメーリス）で行われました。この例はうまくいきました。

〈解説〉

ここでは生徒が金属加工と機械工学と電気工学を半年でローテーションしている事実が述べられている。七年生と八年生の二年間あるので、三つを必ず学習する機会保障の工夫がされていることがわかる。

またここでは、生徒の生産部門と労働部署の関係がわかりやすく述べられている。部門 Abteilung が大きなまとまりであること、部署 Platz はその中の小さな区分であることが確認できる。Produktionsabteilung ＞ Arbeitsplatz ということだ。また生徒用生産部門が複数の生徒用労働部署を擁しているということがわかる。このように考えると、生徒用生産部門を擁する企業のある都市は限られているということだったので、その下位の区分である生徒用労働部署も同様に限られていたということが理解できる。

同じくズールにある他の企業体もすぐに追随しました。一九六〇年代半ばには［後述によると一九六八年である。］、大学で養成された最初の総合技術教師もやって来ました。それは、カール－ハインツ・リッツマン、ディーター・ゲーベル、フォルクハード・オットー、そしてエックハート・クナッペでした。教科相談員のナミスローは、彼らをジムゾン、ＩＫＡ、およびショル学校に分けて配置しました。この決定はある意味で彼の不運でした。つまり、［今の］ズール市が独立都市になったとき（一九六七年）、特別に養成された教科教師全員は突然、ツェラー－メーリスの彼の翼の下からいなくなりました。［この教師たちがズール市に所属することになったということである。著者によると、ナミスローはズール地方郡 Landkreis の教科相談員だった。ズール都市郡 Stadtkreis の教科相談員は、アルフレット・ミュラーであった。］しかし、その後、通信教育を通じて養成されたＥＳＰ教師が追加されました（ナミスロー自身とヘルムート・リップマンを含む）。ツェラー－メーリスのタール通りのＩＫＡ実地教育場は、ズールの生徒を

【原書】19頁

独占的に担当していました。というのは、ツェラー－メーリスとベンスハオゼンとゴールトラオターおよびオーバーホフの生徒は全員、国営企業 Zentronik、後のロボトロンの中にあった、ツェラー－メーリスで当時、地域の中で質的に最高レベルの総合技術センターに通ったからです。［ズール市街地とツェラー－メーリスは三㎞くらい離れている。ベンスハオゼンとゴールトラオターおよびオーバーホフもツェラー－メーリスを中心にそれぞれ三㎞くらい離れている。］

しかしこれに関連して、当時ズールのリムバッハシュトラーセの国営企業 Feubness にあった、小さな総合技術キャビネットを覚えておく必要があります。そこにいた唯一の教科教師はローラント・シュレーゲルミッヒでした。

新しいズール市の総合技術の教科相談員にはまだ疑問が残ります。彼はシュヴァルツァの古い県のズールから来た、アルフレット・ミュラーという名前でした。だいたいにおいて、旧ズール地方郡はズール市に多くのスタッフを「供給」しました。ズール市の学校評議員 Schulrat であるルディ・マイヤーもツェラー－メーリスの人でした。もう一つの興味深い個人情報を。カール・ミュラー（「カスキ」として知られ、レンシュタイクの歌の作詞者）［レンシュタイクリードは「チューリンゲンの森の秘密の賛美歌」と称されているようだ。一九五一年に作られた。］も、新しく設立されたズールの国民教育部門に所属していました。市 Stadtkreis［都市郡］の形成に伴い、商業専門学校ズールの前校長が職業教育の市学校評議員の代理人になりました。この職務では、彼は総合技術も担当していました。ミュラーは当初、総合技術の係官 Referent としてナミスローを獲得しようとしました。しかしこのツェラー－メリサーの人［ナミスローのこと］は、引き抜かれることを黙認してはいませんでした。それで、総合技術の係官になったのが、カール－ハインツ・リッツマンでした。

この男と総合技術のことは、一九五九年から一九八九年まで続く総合技術についての一つの歴史物語です。一九三八年に生まれ、ディーツハオゼンで生まれたリッツマンは、八年生の後にジムゾンでの三年間の見習いで工具製作者の職を学びました。結局のところ、彼はほぼ五年間、同じ会社でエンジン製造に従事し、その後、一九五九年から当時の教師教育のための教育学研究所に派遣されました。当時の慣習として、一九五九年四月二八日の派遣文書には、人事課長 Kaderleiter、企業労働組合長（ＢＧＬ）、自由ドイツ青年同盟（ＦＤＪ）および企業内党組織（ＢＰＯ）の署名があります。署名をした者たちは、会社のいわゆる「幹部委員会 Kaderkommission」でした。彼の専門分野は当初、数学／工作でした。学業が経過する中で、エアフルトの教師養成機関の再編により、その教科の組み合わせは数学／社会主義的生産の基礎になりました。一九六四年の卒業生には大きな需要がありました。学校評議会は数学教師の養成にあまり注意を払いませんでした。彼らは何よりも総合技術の中でこれらの教師を必要としていました。彼もそのようにそれを手に入れました。ズール郡評議会 Rat des Kreises の国民教育部門によって発出された雇用契約は、ズールの第三上級学校 Oberschule を雇用の場所として指定しました。（当時、ズールはまだ独立都市の地位を持っていませんでした、またはそれが東ドイツでそう呼ばれていたように、市 Stadtkreis の地位も持っていませんでした。［これまで何度か出てきたように、ズールが市＝都市郡の地位を持つのは一九六七年から］）学校はハインリッヒスにありました。しかし、契約書には次の一文が労働範囲として明確に記載されていました。「ジムゾン工場での総合技術授業である七年生から一〇年生のＵＴＰ、ＥＳＰおよび製図の教科の授業で使用される」。それはまちがいではなく、実際にもそのように扱われました。

【原書】20頁

国営企業　車両・装備品工場

ジムゾン　ズール

教員養成教育学研究所ー管理部門ーへ

エアフルト　　　　　　　　　　　　　　1959年4月28日

ノルトホイザー通り63

派遣の件

国営企業 車両・装備品工場 ジムゾン ズールの管理委員会は、同僚の

カール - ハインツ・リッツマン

を研究所での学修に派遣します。

国営企業
車両・装備品工場
ジムゾン

人事課長　　　　企業労働組合長　　　　企業内党組織
(ケーラー)　　　　(ウルバン)　　　　(ナッハライナー)

自由ドイツ青年団
(ホッペ)

原書20頁左：カール・ハインツ・リッツマンの学修のためのジムゾン工場からの派遣証（出典：カール・ハインツ・リッツマン所蔵）

この雇用契約は　　　　　　　　**ズール郡評議会**
両者の間のものである　　　　　**―国民教育部門―**

と

教師
カール - ハインツ・リッツマン

出生地　居所　　ディーツハオゼン

以下、契約する。
義務と権利は、ドイツ民主共和国における学校制度の社会主義的発展に関する法律、学校規則、労働法、教師と教育者の義務と権利に関する政令（国民教育における教育者のための就業規則）、およびその他の労働法および学校法の規定、ならびに以下の協定に起因する。

第１項

同僚リッツマンは、1964 年 9 月 1 日に、
第３上級学校ズールハインリッヒスの中等段階の教師として仕事を開始する。

第２項

同僚リッツマンの職場については次の通りである。
ジムゾン工場での総合技術授業である、7 年生から 10 年生の UTP と ESP および製図の教科の授業で、使用される。

原書 20 頁右：雇用契約はハインリッヒスの学校ですが、職場はジムゾン工場です。
［雇用契約書（1964 年）には「ジムゾン工場の総合技術授業、すなわち 7 年生から 10 年生の UTP と ESP と TZ の教科の授業での使用」と明記されている。］（出典：カール・ハインツ・リッツマン所蔵）

この時期を彼はどのように体験したのでしょうか？　一九六四年には、「ＵＴＰ」のＥＳＰ部分の教科書はなく、例えば穴あけやすりがけなどのさまざまな製造工程のワークシートしかありませんでした。

七年生のＵＴＰの実践的な部分は、ジムゾン文化センターの地下にあるキャビネットで行われました。マイスター教師はほとんどすべて職業訓練の経験豊富な教師でした。しかし、七年生やこの学年の女の子に何を期待できますか？それは関係者全員にとって新しい領域でした。

八年生は九年生や一〇年生と同じように通常の会社内の生産に配置されました。彼らは生徒としてしなければならない仕事をしていました。おのずと、それはしばしば熟練していない仕事でした。しかし状況はすぐに変わりました。一九六四年に伝説のシュヴァルベ［つばめ］SCHWALBE（技術名：小型バイクＫＲ五一）の製造が始まりました。八年生は自分たちのために特別に設備された生徒生産部門でハンドルバーの組み立てをかなり迅速に引き継ぎました。マイスター教師――ハインリッヒスのフーベルト・クッフもその一人でした――の指導と支援を受けつつも、彼らはそれに関して多くの責任を負っていました。「ハンドルバーの製造」については、この小冊子で詳しく説明しています。その後、二番目の生徒生産部門を追加する必要がありした。しかし、先の展開を急がないでください。

【原書】21頁

シュヴァルベ SCHWALBE[34]

〈解説〉

シュヴァルベについては、仲井太一氏の『ニセドイツ1≒東ドイツ製工業品』が詳しい[35]。ジムゾン製造のバイクに「野鳥シリーズ」があり、「ツバメ」「スズメ」「ホシムクドリ」「ハイタカ」「オオタカ」という愛称が付けられたバイクが製造されていた。この中でも「ツバメ」がひときわ人気があったという。製造に携わった生徒たちがどれほど誇らしく感じたかがわかる。

一九六八年は、総合技術に従事する人々にとって変化の年でした。この年、ＥＳＰの授業と製図科の新しいレアプランが導入され、一九八六年までほとんど変更されていない時間表が確立されました。一九六八年に、最初の総合技術の教科教師（教科の組み合わせ、総合技術／工作）が教師養成機関から誕生しました。また、一九六八年には、車両・狩猟用武器工場「エルンスト・テールマン」ズールが設立されました。同社の直接の前身は、国営企業車両・装備品工場ジムゾン ズール（二輪車メーカー）と国営企業エルンスト・テールマンズール（武器メーカー）でした。

少し遅れて、職業訓練も集中化され、ショル学校（エルンスト・テールマン）の実地教育スタッフはジムゾンに再びいました。この動きをきっかけに、同じことが総合技術にも起こりました。それは摩擦なしには行きませんでした。職業訓練には、例えば地下室の七年生の教育キャビネットの以前のスペースが必要でした。新しく実行された提案により、この実践的部分は文化センターの入り口のゲートのスペースに移動しました。多かれ少なかれ全体に窓のある「小部屋」を見ることができます。トラックが通るたび、騒音のために授業が中断されました。生徒がキャビネットに入る門のある通路の歩道は、幅が一メートルもありませんでした。今日では、それは決して承認されないでしょう。しかし、当時はそれが許されていました。

カール－ハインツ・リッツマンは、総合技術センターの主任教師に任命されました。一九六九年当時、総合技術の理論的領域ではまだ難しい課題が残っていたことは、市の学校評議会（ズール市 Stadtkreis が形成されました！）と「ＥＳＰ授業部門の責任者」である同僚のカール－ハインツ・リッツマンとの間の合意書から見ることができます。市の学校評議会は、総合技術教科教師の集団に目標達成報奨金を宣言しました。一九六九年の一〇月七日の共和国記念日［東ドイツは一九四九年一〇月七日に建国を宣言］までに総合技術センターの運営が開始された場合、四〇〇マルクが与えられることになりました［一九七〇年の平均月収は約七五五マルク（約一〇万円）と言われる］[36]。もちろん、それは簡単ではありませんでしたが、達成されました。一九六九年九月一日、彼はズール市評議会のＥＳＰ部門の責任者に任命されました。

【原書】22頁

〈解説〉

四〇〇マルクの目標達成報奨金は、ドレスラー氏によると一一人の教師集団のものであるため山分けされた。ドレスラー氏は皆で一夜の飲み食いに散財したと言っていた。それほど高額なものではないと言えよう。総合技術センター運営開始という重大なノルマにしては安価過ぎないかと思う。目標達成報奨金というものに詳しくない限り、この点は日本人の訳者には理解しがたい。また、少額でも合意書が交わされたという点も同様である。東ドイツが他の欧米諸国同様、契約社会であるがゆえのものかと思うばかりである。

しかし、当時の生徒はこうした展開についてどのように感じていたでしょうか？　フーベルト・シリンクは、この問題に対する彼の印象を要約しました。

〈解説〉

次の節には総合技術授業導入時の様子について、フーベルト・シリンク氏の体験談をもとに、生徒目線での叙述がなされている。導入当初は条件整備が十分でなく、教育計画、設備および指導陣に課題があったということだ。しかし、一方で、一年後には整備が進み、また、人格形成上好ましいものであったということが述べられている。

ズール市（ズール都市郡）**評議会**

役所

1969年7月29日

合　意　書

市学校評議会とESP-授業部門長である同僚のリッツマンとの間において

1969年9月1日より、国営企業 車両・狩猟用武器工場「エルンスト・テールマン」ズールは、ズール都市郡と大部分はズール地方郡にある中等学校の7年生から10年生に集中的な総合技術的訓練を実施します。

これに関連して、この総合技術的訓練の新しい構造は、県部門と調整された市部門の構想に対応して有効になります。

このことは、総合技術授業の内容の改善を必ずもたらす、総合技術訓練組織における新しい質のものであること意味しています。

上記のセンターでの新たな始まりは、以前からあるさまざまなセンターの合併を生み出し、適切なリーダーと総合技術の教科教師の外部のコミットメントによってのみ達成することができます。そのため、次の目標報奨金が総合技術の教科教師集団のために市の学校評議会によって提供されます。

400マルク

1969年10月7日まで

条件：

1．新学年度の開始時点で総合技術センターが完全に稼働していること。

2．最初の授業でレアプランの要請を高度な質で満たしていること。

3．E-キャビネットの建設と稼働。

管理：

国民教育部門による検査

市学校評議会

原書22頁：［ズール市学校評議会とESP授業部門の責任者、カール-ハインツ・リッツマンとの間の合意書］ショル学校とジムゾン工場の総合技術スタッフの統合の成功は、国民教育部門にとって集団的報奨金として400マルクの価値がありました。（出典：カール・ハインツ・リッツマン所蔵）

生徒はつらい目にあった

Schüler machten mit

ハインリッヒスのフーベルト・シリンクは、総合技術授業の開始の印象について書いています。言葉遣いはここに完全に再現されています。

「一九五八年八月一日。第四基礎学校［基礎学校は当時あった八年制の学校］ズール・ハインリッヒスの五人の一四才の当時の基礎学校生徒が、フリーデン通りの上級学校でズールでの学校教育の次の段階を開始します［九年生として］。学校が新しいだけでなく、この学年から新しい教科、すなわち、生産授業日、略してUTPがあります。私たちに降りかかってくるものが一体何であるかを耳にし、多くの懐疑論がありました。

ハインリッヒスの生徒のUTPは、彼らのホームゲームであるジムゾン工場で行われたため、まだ幸運でした。UTPの最初の日、私たちは青いコートと「派手な」フードを着て個々の部門に割り当てられました。マイスターの多くは、両手を広げて心を開いて私たちを受け入れました。例えば、モーゼスさんのことをよろこんで思い出します。しかし、この新しい私たちの教育制度の形態についてよく理解していなく、そこには疑問も多くありました。

例えば、当時の私たちのクラス担任のことを考えると、彼の大きな強みはラテン語、ギリシャ語、そして古代の専門分野にありました。しかし彼は会社では一日中、何もしませんでした……。

【原書】23頁

〈解説〉

このクラス担任の付き添いはいつまで続いたのだろうか？　ドレスラー氏の説明では、クラス担任は、いわば監督者として、会社にいなければならなかった。しかし、総合技術センターが設けられるようになると、必要でなくなった。クラス担任に代わり総合技術教師がＰＡの時間を監督するようになったからだ。

当時はまだレアプランがなく、会社の各部門の製造工程の計画しかありませんでした。その計画に従い、私たちは部門から部門へと交代で異動し、ふだんは大人や労働者だけにあてがわれていた機械で働きました。ですから、生産ということについて知ることになりました。それは、私たちにとっては新しいだけでなく、有益でとても興味深いものでした。しかし、労働者とは異なり、私たちは一日数時間しか会社にはいませんでした。私たちには実践と並行し、特別なカリキュラムがなくても、職業学校の先生による理論的な授業もありました。私たちが熟練工に少しでもなりたいと思ったことはないということを忘れ、私たちにたくさんのことを求めてきたホーンさんのことをすぐに思い浮かべます……。

〈解説〉

ここで描かれている、生徒をいろいろと仕込んでいたと思われるホーンさんには苦笑する。生徒の生産労働が始まった当初、工場に来た生徒たちを工場労働者はどう見なすか。やはり、見習いと見なすのは自然だろう。見習いでなく普通教育の一環だということは、工場の中ではすぐには認識されなかったということである。

次の学年度［一〇年生になった一九五九年度］では、具体的な計画に従って実践的な実地教育を受けました。私たちはジムゾンにいたので、金属加工の方面でそのことが起こりました。私たちの実地指導員はベテランのマイスター教師でした：ハンス・ルートヴィヒ、カール・コンラッド、ヴィリー・アイシェルブレンナー、すべての名前はジムゾンで鳴り響き、尊敬されていました。

今日、ほぼ六〇年後、私は時々、私たちの若者のために理論と実践の間のそのような関係を望みます、もちろん、修正され条件に適合されてです、しかし……。

ちなみに、私は後に物理学と総合技術を専門とする教育学を学びました。」

生徒の記憶は以上です。

三つの大規模な総合技術センター［FAJASとEGSとWBKにある総合技術センター］は、その後一九八九年まで、ズールのこの教育領域での出来事を決定しました。したがって、これらの各センターを個別に確認することは理に適っています。レアプランの統一性にもかかわらず、実践上の差がやはりあったからです。

〈解説〉

レアプランの全東ドイツ的な統一性にかかわらず、総合技術授業（ＥＳＰとＴＺとＰＡの三教科）は工場や農場との連携で行われるため、各地域の工場や農場の立地条件に左右される性格を強く持っていた。特にＰＡはそうである。しかし、次に語られていることは、ズールという同一地域、しかも同じ工業分野でも、具体的にどの工場で行われるかによってその内容が大きく異なるということを示している。

A

VEB FAJAS（国営企業 車両・狩猟用武器工場「エルンスト・テールマン」ズール）の総合技術センター

B

VEB WBK（国営企業 住宅建設コンビナート「ヴィルヘルム・ピーク」ズール）の総合技術センター

C

VEB EGS（国営企業 電化製品工場 ズール）の総合技術センター

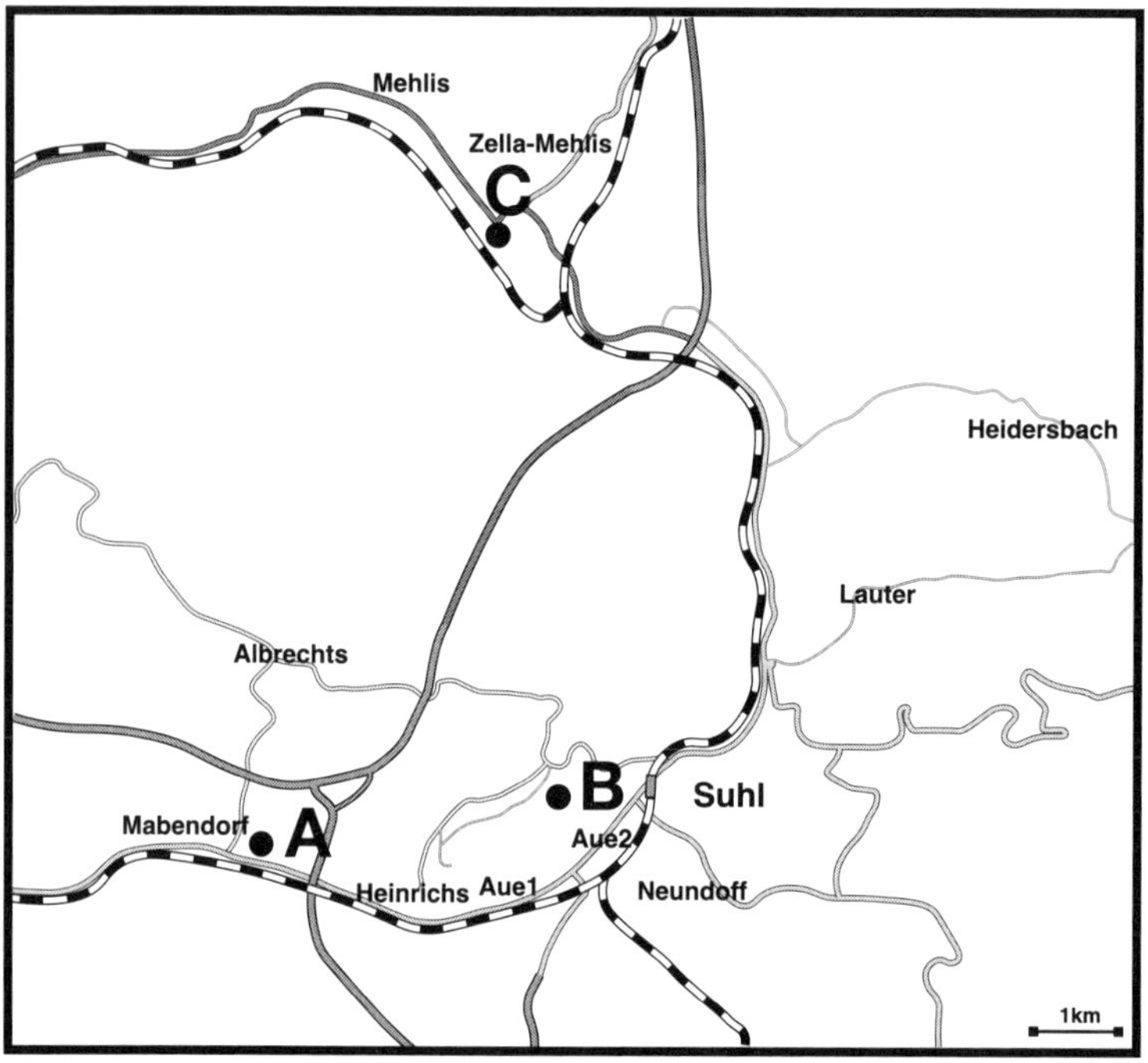

国営企業
車両・狩猟用武器工場
「エルンスト・テールマン」
ズール FAJAS

VEB Fahrzeug-und Jagdwaffenwerk
"Ernst Thälmann" Suhl

やすりがけだけではありません！

ここでは、女性マイスター教師のエディス・ヒッパーと男性マイスター教師のアハメット・ツェンケルが協力して指導した、ＦＡＪＡＳの七年生のキャビネットでの労働の一部を紹介します。

エディス・ヒッパーは、まだ三〇歳になっていないときに総合技術に参加しました。彼女は、一九五二年から一九五四年までエルンスト・テールマン工場の企業内学校〝ショル兄弟〟、一般の言われ方は〝ショル学校〟で、整備士の仕事を学びました。彼女はその後すぐに、〝教育者 Erzieherin〟という資格でユーターボーク［ブランデンブルク州の都市］での学業を修了しました。ズールに戻った後、彼女は当初、クライネケルバー通り（アスペンヴィエルテル）とアウグストーベーベル通りの見習い寮で働いていました。ジムゾン工場での総合技術の拡張に伴い、そこでは資格のある人員が必要でした。当時のＵＴＰ科での女子生徒の使用に関する一般的な偏見を考慮すると、七年生の責任ある教師として女性を任命することは賢明な動きでした。ハンス・ザフトが彼女の味方をしました。彼は新製品のテスト部門からの異動に全く満足していませんでした。トップには伝説的なエバート・ディーン（ＡＷＯの「父」）がいました。［ＡＷＯはバイクのこと。ＡＷＯは Awtowelo の略。アフトヴェロ Awtowelo はソ連の自動車・バイク会社。ＡＷＯ四二五というバイクを製造。エバート・ディーンはその設計者の一人。ＡＷＯ四二五はジムゾン復活の際は、ジムゾン四二五に改名。[38]］一般的に、その印象は、主に経験豊富であるという理由で年配の従業員は総合技術に移されたようです。これは、その時代のいくつかの写真によって裏付けられて

【原書】24頁

います。上級マイスターのヴァルター・ベーシュトラインは、七年生のために本当に一生懸命努力しました。それも成功しました。生徒たちは電気メッキラックと学校用の地図用の地図ホルダーを作りました。質の高い労働が必要でした。生徒たちも「自分たちの」製品がどこに必要かを知っていました。完成後、各カードスタンドには番号が付けられ、生徒の作品の身元が証明されました。毎年七年生は「作業服」として青いエプロンと帽子を受け取りました。その後、何らかの理由でそのようにはなされなくなりました。「生産授業日」の授業の前には毎回、労働安全の指導が行われました。毎週交代で約七五〇人の少年と少女が実習をしました。翌週はESPとTZの授業が行われました。

〈解説〉

総合技術教育の中核的部分である総合技術授業では理論と実践の結合が追求された。だからと言って、理論（ESPとTZ）は午前中、実践（PA）は午後にとはなかなか行かなかったようである。この点は、原書8頁でも述べたとおりである。このFAJASのケースでは、それどころか、ここでは隔週で理論学習と実践学習が行われたと書いてある。理論と実践の間隔が開きすぎではないだろうか。

日本では、理論（ESPとTZ）は午前中、実践（PA）は午後にということに関して、先行研究でそのような紹介がある。しばしば訳者が照合対象としている村井によると、[39] Kuhrt／Schneidereの『意識的職業選択の訓育』(Volk und Wissen、一九七一年）一六七頁からの引用として、生産授業日の時間割表が掲げられ、「注：社会主義生産入門と製図は午前中、生徒の生産労働は午後が割り当てられていると思われる。」と表に村井による注書きがされている。時間割表だけを見ると理論は午前、実践は午後という誤解が生じる。しかし、「……と思われる。」と書いているし、本文には「この日の」時間割は、と書かれているので、村井氏が間違っていたということでは必ずしもないだろう。ただ、誰もが、理論は午前、実践は午後が好ましいと考えているということの証左ではある。

たしかに理論と実践の間隔の開きすぎは問題のようである。そのため当初は隔週だったが後に毎週になったという叙述が見られる（原書47頁）。しかし忘れてはならないことは、ＰＡが工場の実際の生産に依拠するため、思いどおりに行かないことが多いということである。

経営陣の依頼で、一九六九年頃、七年生の生徒はＦＡＪＡＳで将来、見習になることを思い描けるか尋ねられました。結果は非常に残念でした。この会社での研修に興味を持った生徒はほとんどいませんでした。しかし、これは彼ら自身の「経験」の結果だけではないことを付け加えておく必要があります。当時も今と同じように、この学年段階の生徒が特定の職業に就きたいという強い欲求を持っているということはごくまれにしかないからです。しかし、総合技術のマイスター教師たちは後でＦＡＪＡＳの職業訓練で彼らの「卒業生」の多くを実際に見ました。一九七一年にエディス・ヒッパーは、ズールのミュールトール通りにあった職業訓練のための県教育相談センター［教育相談センターはそれぞれの地域の成人教育も担当する］に移りました。

〈解説〉

ＰＡを提供した会社が生徒を将来の社員として期待していたが、生徒は必ずしもそうでなかったという話しは興味深い。先述の熟練工のホーンさんのエピソードとも重なる。職業選択の自由があり、見習いになることを強制されたりすることはなかったということだ。また、ＰＡがあくまでも普通教育として行われていたという点を示しているものとして、好ましく感じられる。

一九七〇年代の始め、もちろんいまだにこの学校との共同事業には葛藤が残っていました。ほぼ一二年経った後でも、総合技術は人々にとって必ずしも透明性の高いものではまだありませんでした。それは教師にも当てはまりました。もちろん、頻繁な変更は、特に初期の段階では「視座」を容易にするものではありませんでした。しかし、総合技術の理解をさらに深めることに取り組んだ人もいます。その証拠は、市の公文書館に保存されている一九七〇年〔原書では一九七一年だが誤記である。著者に確認済み。〕のメモによって提供されます。

一九七〇年四月二日に国営企業ＦＡＪＡＳで開催された会議の議事録（抜粋）

参加者：

同僚ランゲ（ＥＯＳ）、同僚ケンプター（第二ＰＯＳ）、同僚リッツマン、同僚ケーベル（副部長）

ポイント二「総合技術授業の改善」

学校では総合技術授業の重要性にもっと注意を向ける必要があります。

ほとんどの教師は総合技術授業の内容と課題について何も知りません

教師は、共同協議で課題と目標をよりよく理解する必要があります

六年生の教師も

【原書】25頁

総合技術授業が学校の基本的な一部であることを生徒に明確にする必要があります

クラス担任の参観」

（出典：ズール市公文書館　一三一〇〇二二／一九一）

しかし、FAJASでの七年生のPA授業の話しに戻ります。もう一人の時代の目撃者はアハメット・ツェンケルです。彼は一九七五年八月から、国営企業車両・狩猟用武器工場「エルンスト・テールマン」でマイスター教師を務めました。九年生と一〇年生の間、彼と彼のクラス全体（ホーエロー学校）はただ学校に行っただけではありませんでした。そうなのです、三週間の学校での授業の後、「ショル学校」で常に一週間の実地教育があったのです。クラスは基本的な金属加工の技能を学び、専門的な理論の授業も受けました。それはいわば「軽い職業訓練」であり、金属業を学んだ生徒にとっては、その後の見習い期間が一年短縮されるという利点がありました。一〇年制総合技術上級学校でのこの「実験」は非常にユニークでしたが、東ドイツの拡大上級学校［EOS］では一九六二年から一九六六年まで全国で同様のバリエーションがありました。このバリエーション「職業訓練を伴う大学入学資格 Abitur mit Berufsausbildung」は、大学入学資格に加え、職業訓練の完了ももたらしました。しかし、この実験はうまくいきませんでした。しかし、その後存在したバリエーション「大学入学資格を伴う職業訓練 Berufsausbildung mit Abitur」は東ドイツの終わりまで続きました。

原書 25 頁:総合技術の開始の年、多くの場合、年配の教師がこの分野に委任されています。(出典：エディス・ヒッパー 所蔵)

〈解説〉

「職業訓練を伴う大学入学資格(アビトゥア)」と「大学入学資格(アビトゥア)を伴う職業訓練」の違いを簡単に説明しておきたい。ドレスラー氏によると、前者は一〇年生から一二年生の三年間、本来は職業訓練が主となるべきだが、学校の時間があるため、職業訓練が不十分な課程であった。そのためうまく行かなかった。後者は、一〇年制POS修了後に続く三年制の課程である。三年間、職業訓練を十分に行うことができた。そのため、東ドイツが終わるまで続いたのである。

ツェンケルは、職業資格を取得した後、とりわけ、釘打ち機〔ネイルガン〕エリアで整備員として働き、教育学コースに通いました。それはSuhler Marktに当時あった「Zum Bären」ホテルで、パートタイムでberufsbegleitend行われました。〔ここでのパートタイムとは、通信教育や夜間学習や週末学習でという意味。〕国営企業

【原書】26頁

のマイスターとして卒業した後、彼は総合技術に採用されました。当時、七年生のＰＡ領域の彼の同僚には、経験豊富なハンス・ザフト、カール・ペッフェア、ホルスト・アムターがいました。第一、第三、第四、第七、第八ＰＯＳおよびアルプレヒツとディーツハオゼンのクラスが管轄地域に属していました。新しい建物エリアであるシュバルツバッサーベルクの第八ＰＯＳのクラスは、新たに編成しなおす必要があり（一九六九年に第八ＰＯＳの新校舎）、クラスのサイズが非常に大きいため（最大三七人の生徒！）、それほど簡単ではありませんでした。

アハメット・ツェンケルは電気メッキと塗装に使用する物を掛けるフックを作ったことを覚えています。それは生産現場でしばらく使用すると消耗し、何度も必要とされるようになりました。［工場で必要とされていたものを製造していたということだ。］ですから、常に需要がありました。七年生は教育的によく考えられており、会社の材料倉庫を訪れ、そこから彼らの仕事の棒材［棒状の鋼］を入手しました。長さを切りそろえるのが最初の作業工程でした。次に、曲げ装置と適切な装置のハンマーを使用して、丸い材料をさまざまなフック形状にしました。そして、やすりでバリ取りが行われました。最後に、フックが数えられ、一定の数ごと束ねられました。四時間の授業で約三〇〇のフックを曲げるには多種多様な力が必要だったので、マイスター教師はこの作業に最も力の強い生徒を選びました。最高潮に達するのはもちろん、前述の会社の部門へのフックの納品でした。行われた労働に対する称賛が必ずありました。それは生徒たちには満足するものでした。［賃金も現物支給もないけれど、称賛されることで満足したということだ。］

もちろん、工業用ランプ用のスラット［ラメラ、薄板］など、他の種類の生産もありました。労働を選ぶ際には、製造された製品の実用的な利用が決定的でしたが、ＥＳＰやＴＺの教材との知的つながりも決定的でした。ＰＡでの授業指針は、ＥＳＰ教師と調整され、逆に、ＥＳＰ教師は生徒の実際の労働からの例を授業で取り上げました。

〈解説〉

ここでの生産労働の種類の選択についての叙述は興味深い。まず、なぜ、実用的な製品が生産の対象として選定されるのか。ドレスラー氏によると、自分の行う労働が社会に、そして人々に役立っていることが具体的にわかることで、労働することの動機づけができるからだそうだ。

次に、実践教科のＰＡと理論教科のＥＳＰとＴＺとのコンフリクトが語られている。これまでも何度か述べてきたことだがＰＡは地域経済の具体的な企業体（工場と農場）の具体的なありように依存する。一方、ＥＳＰとＴＺは全国統一のレアプランに依拠する。当然、両者の間にコンフリクトが生じる。

工場での生産は学校教育のレアプランと歩調をひとつにするものでは全くない。生産は学校教育のために用意されているわけでないからだ。両者の完全な調和は不可能である。しかし、両者のすり合わせの努力がなされていたということもまちがいない。

しかしその際、両者が「対等ではない」ということもまちがいない。両者の軽重が議論されたということを訳者は知らないが、答えは明らかである。

くりかえしになるが、理論（ＥＳＰとＴＺ）を待って実践（ＰＡ）が行われていた、あるいは理論（ＥＳＰとＴＺ）を応用して実践（ＰＡ）がようやく可能になるということではないということだ。工場の実践（ＰＡ）はみずからのペースで進む。あるいは進まざるを得ない。理論（ＥＳＰとＴＺ）は後追いし、実践の中に教材を見いだし、理論の学習の充実を図る姿がここには示されている。

実践（ＰＡ）と理論（ＥＳＰとＴＺ）と間の「相互往還」が望ましいが、単純ではないということだ。「相互往還」

には両者対等の響きがあるが、現実には実践が優先する。この非対称性という事実は、教育学の古くからの命題である「生活と教育の結合」という時の生活と教育の関係性についてひとつの解答を示していると言える。

ツェンケルはまた、小さなソーセージグリルを作ったことを覚えています。木炭用のグリル、脚および外装には多くの製造工程が必要でした。［後の叙述からわかるように、製造工程が多いということが教育的意味を持っていたようである。］なんと、グリルは高さ調節もできるように設計されていました。実践された方法のほんの一部をあげても、板金の曲げ、はさみ、やすりがけ、穴あけ、ねじ山づくりなどがありました。グリルがしっかりと立つには、精度がもちろん重要でした。ソーセージグリルは店頭で販売されていましたが、各クラスは「支払いなし」で自分たちの製作したものを一台、受け取ることができました。主にその事情から、それは「生徒製作品」としてとても人気のある型式でした。FAJAS コンビナートのあるリーダーは、かくの如きグリルですが、特定の困難な交渉の際の「潤滑剤」［わいろ］として取りに行っていました。モットーは「一つの手は他の手を洗う！［持ちつ持たれつ］」でした。

〈解説〉

ソーセージグリルについてドレスラー氏から次のような補足をしてもらった。「数人の生徒によって一台が作られました。一人の生徒が分業で一つの部品を割り当てられました。すべての個別部品の準備ができたら、それらを組み立てました。このようにして、一日一クラスで五台から六台が作られました。箱に詰めるのも労働の日でした。もちろん、

【原書】27頁

原書 26 頁左：7 年生の生徒がソーセージグリルを組み立てています。グリルの部品のすべてもこの生徒によって製作されました。（出典：ヘルムート・プライデル 所蔵）
[ドレスラー氏によると、ヘルムート・プライデル氏は、ドレスラー氏の大学時代からの友人で、総合技術教師でありアマチュア写真家であった。そのため原書にはプライデル氏所蔵の写真が多く使用されている。]

原書 26 頁右：ここ 7 年生のクラスでは、生徒の作品が共同で評価されています。（出典：ヘルムート・プライデル 所蔵）

各クラスは無料でソーセージグリルを受け取りました。」

一九九〇年以降ツェンケルはどうなったでしょうか? 彼は、ＡＢＭ［Arbeitsbeschaffungsmaßnahmen 雇用創出策］の職に就いた後、特にマリスファード青年クラブの「青年のためのソーシャルワーカー」として、そして最後にズール地区手工芸協会の南チューリンゲン手工芸の第一訓練協会の従業員として自分の道を見つけました。訓練を受けるのが難しい若者のための「職業準備インターンシップ」プロジェクトで、彼は彼の教育的スキルと経験をまるごと必要とされる活動分野を拓きました。

現在、彼は年金受給者として長く平穏な日々を過ごしており、今でも総合技術に思いを馳せています。彼は七年生だけに固執していたのではありませんでした。ＦＡＪＡＳ一の非常に特別な部門である「ハンドルバー取り付け」に病気や会社の民兵グループ Kampfgruppe への割り当て［民兵は国営企業や公共施設の安全と秩序を守るために勤務時間外に奉仕する。制服を着て武装している。[40]］などの緊急事態が発生したとき、彼は「臨時職員」としても行かなければなりませんでした。

「シュヴァルベ」のハンドルバーの取り付け——生徒生産部門

一九四六年にシュミーデフェルト・アム・レンシュタイク［ズール市の隣。東へ約一〇㎞にある。］で生まれ、現

原書 27 頁：シュヴァルベ生産のベルトコンベアでの 10 年生の労働部署（出典：ヘルムート・プライデル 所蔵）

在はズールの年金受給者であるディーター・メーラーを多くの人々は覚えています。一方で、彼は一九七〇年代にサッカーの東ドイツリーグチームであるBSG Motor Suhlで非常に成功しました。しかし彼は、一九七〇年から一九八〇年までまさしく生徒生産部門（SPA）[Schülerproduktionsabteilung]であるシュヴァルベのハンドルバーの取り付けでFAJASのマイスター教師としても働いていました。この期間、実地指導員集団に所属したのは、クラウス・ヘーンを頭にした二人ともハインリッヒスの人であるフーバート・クッフとハラルド・オットーでした。クッフは以前、SPAの責任者として長い間働いていました。（クッフとオットーは既に亡くなっています。）ズールの学校の八年生は、この生徒生産部門で伝説的な「シュヴァルベ」の前部を組み立てました。「八年生でシュヴァルベの組立に携われたので、たいへん誇りに思っているのだということがわかる。」スクーターのベルトコンベヤーのすぐ隣にあったこの部門の何が特別だったのでしょうか？

信じがたいですが、この生産区域では生徒だけしか働いていなかったのです。もちろん、彼らは自分たちの仕事がどこに向かっているのか、そしてそれがとても重要であることをわかっていました。なにしろ毎日二〇〇点以上もの前部の部品が必要だったのです。

ＳＰＡ［生徒生産部門］で「シュヴァルベ」の前部の部品を受け取った「受取人」は「常に配達しなければならなかった」あたかも「コンベヤーベルトの跳躍選手 Bandspringer」でした。［回転が速かった、忙しかった、ということ。］フロントパネルに「シュヴァルベ」という言葉をリベットで留めるのは生徒の仕事 Arbeit でした。ソケットロックの開口部にゴムをねじ込むのもまた別の生徒の仕事です。ハンドルバーのスロットルグリップとブレーキレバーを取り付けるのも生徒の仕事です。前部を完成させるために約一五の作業工程が必要でした。

〈解説〉

「信じがたいですが、この生産区域では生徒だけしか働いていなかったのです。」に着目しよう。数限られた都市にしかなかったという、生徒生産部門の話しが出てきている。再びドレスラー氏の説明を取り上げておきたい。

「（原書5頁）八年生では生徒は機械工作室（旋盤、フライス盤、そして例えばボール盤を備えています）で労働をしました。九年生と一〇年生は生産に入りました。しかしズールは東ドイツの中でも、工場に生徒生産部門がある数少ない都市の一つでした（傍線部は訳者）。この部門は生徒だけで構成され、その上、部分的な製品だけでなく販売用の完成品も製造したり、組み立てたりしました。」そして原書6頁の〈解説〉に書いたように、ズールでは八年生から生徒生産部門に入っていたのである。

【原書】28頁

前述のＳＰＡでは、生徒はまた、特定の器具を使用して適切なクランプ〔締め具〕を備えたシュヴァルベの排気システムを組み立てました。それは三つの部分からなっていました。そして、燃料タンクは活栓とタンクキャップで完成しました。ラバープロファイルの切断などの準備作業も、生徒だけが行いました。もちろん、毎日一定の先行作業の上で生産は行われました。生徒の労働時間がＦＡＪＡＳのシフト時間と一致せず、組立ラインが停止できなかったためそれは必要でした。朝、生徒たちは通常の仕事の開始後に来ました。その日の午後は午後四時二〇分に会社は終了しましたが、生徒たちはすでに午後三時三〇分に仕事を終えていました。ちなみに、あるクラスは午前中に、もう一方のクラスは正午頃に来たりしました。

ここで考察されている生徒生産部門での実際の労働については、常に特殊な技術的指示（穴あけ、ねじ山の切断、または特別な操作要素の使用）があり、もちろん、すべての生徒の署名による承認を伴う非常に重要な労働安全指導がありました。盗難禁止の注意も織り込まれていました。

ところで、学校の休暇中には誰がその仕事をしたのでしょうか？　とても簡単です。学校の休暇中、見習いが生徒生産部門で雇用されました。しかし休暇料金の枠内においても少なくない数の生徒が、おまけのポケットマネーを稼いでいました。それで多くの「総合技術生徒」が夏休みの間、彼らの仕事場で再会しました。

〈解説〉

工場の組立ラインは停止することができない。しかし、日々の生徒の労働時間は工場のシフト時間と一致しない。また、年間で見ると、生徒の休暇中のラインは誰が担当するのかという問題が出てくる。ＰＡは現実にはこのような問題を抱えながら、それを解決し、実施されていたのだ。

ＰＡが全社会的な協力なしにはできなかったということがわかる。ＰＡは総合技術教育（ポリテフニズム）の中核的部分である。それを考えると、総合技術教育自体が全社会的な取り組みとしてしか実施できないものであるということがあらためてよくわかる。

生徒の休暇中の工場のラインに、小遣い稼ぎの生徒が多く立っており、また、それを「総合技術生徒」と呼んでいたというエピソードは、牧歌的でおもしろい。


毎週、生徒たちは仕事場を交代しましたが、大きな力が必要な仕事が女子だけで占められていないかも教師は確認しました。

生徒の大部分は、自分たちの仕事が会社にとって重要であると感じたため、やる気になりました。そして、自分たちの仕事を真剣に受け止めていました。メーラーは、一人の男子生徒が本人にとっては明らかに重大な質問「メーラーさん、あなたは今、私に腹を立てていますか？」をしたと同時に、壊れたねじ穴開けドリルを目の前に置いたことを覚えています。この専門スタッフはとりあえずは教育学を修めていましたので、質問に答えた後は、この生徒にはいかなる問題もありませんでした。


〈解説〉

生徒たちが真剣に労働に取り組んでいることがわかる。また、メーラーはマイスターが教育学を修めてなることができたマイスター教師であった。生徒の急な言動に教育的対応ができたということで、マイスター教師の資格どおりの働

原書 28 頁：写真は、生徒生産部門「シュヴァルベ前部」のエリアを示しています。ここで 8 年生の女子はハンドルバーを完成させます。(出典：ヘルムート・プライデル 所蔵)

きぶりも示されている。

各仕事場には、ＤＩＮ Ａ４用紙が入ったフレームがありました。表面《おもて》には技術的な説明が記載された作業指示書があり、裏面には教育目標を読むことができました。

生徒の労働は、生産品の数と質の観点から評価されました。生徒生産部門に配置された個々のクラス間で競争があり、然るべき壁新聞を通じて公開され、評価されました。それがクラスに拍車をかけました。もちろん、個々の生徒に評点が付きました。そして、教科「生産労働」(ＰＡ)で達成された合計成績は、学年度の半年および最終の証明書に記録されました。

【原書】29頁

まだ言及する必要のあるものがあります。「シュヴァルベの前部の部品」という生産物は、個々の作業ステップの構成から生まれたものであり、生徒は各ステップにいたため、当然、彼らは一緒にうまく作業する必要がありました。力の弱い、またはそれほど熟練していない同級生をサポートすることが必要になりました。今日、人々はそれを「チームワーク」などと呼んでおり、それは、例えば、シュトルスにある冒険学校ズール〔ズール市内のシュトルスというところにある〕で訓練することができます。当時、三〇年以上前、それは簡単にその総合技術の中でできたのです……!

技術学的に根拠づけられた「共同作業」は、ＦＡＪＡＳの九年生の生徒生産部門でも大いに活用されました。

〈解説〉
チームワークは、今のドイツではわざわざ冒険学校というような所に行って身につけているようだが、ＰＡでは自然に身についていましたよ、ということである。

生徒はエアライフルを製造します

エゴン・ハイリッヒガイストとマンフレット・セディッヒは、魅惑的な物語を語ることができます。二人とも一九三八年の生まれです。ハイリッヒガイストは上ズールの人間です。セディッヒは東プロイセンの生まれで、一九四五年からズールに住んでいます。彼らは武器会社で仕事を学び、一人はメカニックでもう一人はシステムメーカーでした。一九六〇年代、二人は国防軍で兵役に従事しました。

ある特別な企画により二人は一緒に仕事をすることになりました。一九六四年ごろショル学校の「チーフ」たちがあるアイデアを思いつきました。それは、当時まだ若い（かなり若い）総合技術部門にライフル銃製造を移管するというものです。ショル学校の校長であるロベルト・ホルンシュッフはその中の一人でした。彼はフリッツ・フライシュマンの協力により、熟練した武器の専門家を知っていました。個々の従業員にアプローチしました。それは、とくに、エアラウ出身のロルフ・リッツヴェーガー、テーマール出身のフランク・マイヌンガーそしてアルプレヒッツ出身のパウル・シューベルでした［テーマールはズール市の南約一〇km、アルプレヒッツはズール市の西隣にある町］。彼らがどうしても反対したいものにはすべて同意しました。ハイリッヒガイストとセディッヒは取り上げられた人たちの中にあって最年少でした。そして……彼らは彼らの仕事と一緒にまず資格をまだ得なければなりませんでした。それは、仕事の後に一〇年生のクラスで遅れを取り戻し、そして、マイスター教師の資格を取得することを意味しました。マンフレット・セディッヒは一九七二年にこの資格を手にしました。

前述の特別な生徒生産のアイデアが実行に移されたということに期待する必要があります。実際、総合技術生徒の九年生は、ユースエアライフル［青少年用エアライフル］Jugendluftgewehr を製造しました。この製品は輸出もされており、例えば、当時の通信販売大手のネッカーマン Neckermann［ヨーロッパを代表する通信販売会社］

【原書】30頁

からカタログで購入できました。ジムゾン工場とエルンスト－テールマン－工場の合併に伴い、ここで書いている部門はハインリッヒスに移転しました。［合併については原書10頁の年表にある。合併により「国営企業 車両・狩猟用武器の工場」ズール FAJAS となる。工場Ｉ（ハインリッヒス）に、ほとんどの生徒を受け入れる総合技術センターが設立された。］人々がヴェルクス通り（下門から来る）の左側にある最初の裏の建物をそう名付けている「狩猟 Jagd」の三階に、彼らは分相応の新しい場所を見つけました。

〈解説〉
ドレスラー氏によると、ユースエアライフルは、スポーツショップで販売されており、サイズは普通だが、射撃力は弱く、銃の免許は必要なかった。しかし数が少なかったので、国内で手に入れるのは困難であった。ちなみに、狩猟用武器 Jagdwaffenberk の Waffen は武器一般の意味だが、FAJAS で生産した武器は銃 Gewehr に限られた。

階段の吹き抜けからその部署に入ると、正面に事務局（エルヴィラ・ロッター）とフリッツ・フライシュマンの部屋がありました。彼は一九六九年に総合技術の責任者に任命されました。ロルフ・リッツヴェーガーはこの時点から、エアライフルの製造の担当者となりました。

生徒生産部門は、機械による製造とその組み立ての領域に分かれていました。機械製造には、さまざまなボール盤とフライス盤が使用されました。一二人から一五人の生徒がそれぞれ一台の機械を操作しました。

原書 30 頁：女生徒がエアライフルの銃身を銃床に取り付けています。後ろには組み立て手順の表示板があります。（出典：ヘルムート・プライデル 所蔵）

今日のバーンホフシュトラーセの「若者鍛造場 Jugendschmiede」〔ユースフォージ ズールのことで、子どもや若者のための文化センター〕ではさび止めが行われていました。さび止めで黒くなった銃身はその後、生徒による生産に戻ってきました。特に難しかったのは、銃身と薬莢を接合すること、そしてこの二つの部品を銃床と接合することでした。ネジ止めが「なめらか」になるように、「ハンドドリル」で締める必要がありました。このプロセスは、特に熟練しており、また興味のある生徒によって行われました。この部門での女子の役割について尋ねられたとき、ハイリッヒガイストは、スキルと勤勉さと忍耐力を合わせ持っていたことから決して忘れることのないブリギッタ・エックシュタインに言及しました。「彼女はほとんど機械から離れることができなかった！」彼女は、結婚後ブリギッタ・ヴルーシーとなりましたが、一九八九年のズールでの平和革命の最も著名な人物の一人でした。

エアライフルの月間生産量は一五〇丁から二〇〇丁の間でした。各ライフルは梱包前に試し撃ちされました。それはエゴン・ハイリッヒガイストの役割でした。生徒たちはそれを手伝いました。標的の黒いゾーンに向かっての三回の射撃です。射撃にはユースエアライフルに指の爪のサイズのスペースを見つける必要がありました。それからライフルは検査スタンプを押され、生徒によって梱包されました。教育学的観点から価値があることは、これから出来上がる製品について最初の加工段階から梱包まで、すべてが生徒の手に委ねられていたということです。

〈解説〉

最初の加工段階から梱包まで生徒が携わることには、どうして教育学的価値があるのだろうか。事象はすべからく生成・発展・消滅するものである。ある事象について真に理解するとは、その事象についての生成・発展・消滅の過程を把握しているということである。教育学的価値の一つはそこから来ていると考えることができる。他にも、全面発達に対する一面的発達、総合技術に対する単一技術、複雑労働に対する単純労働という言葉があることから推察できるように、加工から梱包まで携わるとは全面的で総合的で複雑な労働を経験することでもあるからと言うこともできよう。

一九九〇年の初めに、ローア・アム・マイン［フランクフルト・アム・マインの東方約四〇㎞にある西ドイツの都市］の教師のグループがこの生産領域を訪れました。西の教師たちは驚かざるをえませんでした。彼らはそのようなことを可能だとは考えていませんでした。大きな称賛がありました。残念ながら、その驚きや称賛は役に立ちませんでした。この訪問から二週間後、エアライフルの製造は「終了」しました……永遠に。［ポリテフニズムが終焉したので。］

回顧――マルゴット・ホーネッカーの訪問

国民教育大臣マルゴット・ホーネッカーが一九七八年四月一九日と二〇日に県都ズールを訪問しました。長年その職にある［一九六三年から一九八九年まで国民教育大臣を務めた。］大臣にとってそれは第八回教育会議の準備のための仕事上の訪問でした。初日は彼女はズールで党職員と国民教育関係職員と会いました。次の日には最初に第九総合技術上級学校を訪問しました。当時のＳＥＤ［政権党の社会主義統一党］県管理部の第一書記であるハンス・アルプレヒトと、ズール県評議会の議長であるアーノルト・ツィンマーマンも関わっていました。もちろん、ずっと前に発表されていた訪問でした。

したがって、校長のテーア・ロイトルトはそれに備えることができました。国民教育部門が責任を持ち、県評議会の「支援」のもと、彼女は準備をしました。しょせんは誰もが輝きたかったのです。すべてが計画どおりに進みました。学校の職員室では小さな懇談会が持たれました。校長は課外活動の成功を報告し、大臣は、新聞「自由の言葉」一九七八年四月二一日付が書いたように「教育集団の仕事のさらなる質の向上のために豊かな示唆」を与えました。

【原書】31頁

その後、一行は国営企業 車両・狩猟用武器工場「エルンスト・テールマン」のあるハインリッヒスに移動しました。もちろんそこで、マルゴット・ホーネッカーは、総責任者（ゼネラルディレクター）のローター・ケッセルと党書記のゲルハルト・モイゼルによって歓迎されました。「公式訪問」は、スクーター［シュヴァルベ］の組み立て、ハウジングの製造、そしてエアライフルの組み立てへと続きました。FAJASでのスクーターのハンドルの組み立ては長い間八年生の総合技術授業の一部であり、ユースエアライフルの組み立ては九年生の総合技術授業の一部でした。一〇年生も「［エンジンの］外殻の組立ライン」の職場に割り当てられました。彼を指導している整備員のブルーノ・レックナゲルは彼女から突然、赤いカーネーションの花束を受け取りました。それによって彼女は総合技術で働いている会社のすべての人に感謝を表しました。

マルゴット・ホーネッカーが実地教育の水準を気に入っていたということが確信できます。もちろん、その背景には総合技術部門の従業員の長年の働きがありました。生徒たちは確かに興奮していましたが、自分自身をかなり売り込むこともできました。ある生徒の言葉によりそのことを確認することができます。「ここでは一度は使うことが間違いないスキルを学ぶだけではありません。私たちは多くの人々と知り合い、何よりも彼らの仕事を尊重しています。」（自由の言葉一九七八年四月二一日付）。たっぷり三時間の後、訪問は終わりました。会社は準備に多くの時間を費やしました。マイスター教師は、学校やクラスの関係者全員と事前に話し合いをしました。大臣の通るルートは前もって余すところなく清掃され、一部の部屋は改装されました。唯一の解決できない問題は、トイレをすべてきれいにすることでした。人々は、マルゴット・ホーネッカーがどんなに「小さな要求」さえ見つけないことを望んでいました。しかしうまくいきました。誰もが安堵のため息をつきました。「弱点」を指摘され探しにいくというようなことは必要ありませんでした。

当時の報道機関にとって、これはもちろん「イベント」でした。そして、生徒の意見を入れた文章が「教育的人さし指 Pädagogischem Zeigfunger」と一緒に組み込まれました。〔東ドイツの広告には教育的機能があり、広告の多くは国民に特定の振る舞いをするように示唆していた。そのことを教育的人さし指と称していた。〕

FAJAS新聞もこの訪問について報じました。しかし、純粋に印刷技術や新聞のフォーマットの関係で、スペースがほとんどありませんでした。会社で起こったすべてのことを取り上げるわけではありませんでした。会社の党組織の「機関」は新聞で「政治的なこと」をたくさん行っていました。会社の新聞には、総合技術分野のスペースがほとんどありませんでした。著者は、一九六〇年から一九八九年までのすべてのコピーを調べました。

それだけに以下に引用した記事はたいへん驚くべきものです。検察庁がおそらく圧力をかけていたのでしょう。

FAJAS社の新聞「ペースメーカー」№一四／一九八四で、検察官は「自己顕示欲から盗む?」という見出しで取りあげました。総合技術授業の中での一人の生徒による盗難の位置づけのことです。

「九年生の若者Fは、一九八三年一二月に国営企業FAJAS工場Iの倉庫H、で働きました。彼は

【原書】32頁

成績が悪いため、クラスメートの評判はよくありませんでした。……Fは、モペット［小型オートバイ］用の入手困難なスペア部品を入手することを約束することで称賛を得ようとしました。彼はUTP授業では『供給源』で働いていたので、会社から部品を運び出すのは『朝飯前』になります……。自己顕示欲を満たすために窃盗を犯すという加害者の動機は、確かに財産犯罪では典型的ではありません。……会社のセキュリティ面での不十分な管理が長期にわたってこれらの犯罪を助長しなかったかどうかを検討する必要があります。」

正確を期すために総合技術授業の文脈での盗難は絶対的な例外であったことを強調する必要があります。新聞記事の最後の文は、幸いなことに、生徒による盗難というものが例外的な状況であるということを強調しています。読者はこの否定的な「注釈」以上のものをＦＡＪＡＳの総合技術について覚えておく必要はありません。

〈解説〉

M.ホーネッカーの訪問は、ＦＡＪＡＳの会社新聞も取り上げたが、意外と扱いは大きくなかった。著者は一九六〇年から一九八九年までのすべて記事を調べたが、総合技術授業についてはほとんど書かれていないことがわかった。数少ない中で唯一と言ってよいほどあった記事は、生徒の窃盗事件であった。しかしそれも会社のセキュリティ面の問題が主となっている。一方で、工場内での部品や製品を生徒が盗むということはほとんど無かったということを、著者は強調している。

国営企業
電化製品工場 ズール EGS

VEB Elektrogerätewerk Suhl

いつもツェラ－メーリスにいるズールの七年生

電化製品工場ズール Elektrogerätewerk Suhl［ＥＧＳ］の総合技術センターがあったかつてのバラック小屋については、今日、もはや痕跡も見ることができません。ツェラ－メーリスのタール通りにある会社の敷地内のバラックは、おそらく第二次世界大戦前に建てられたが、貴重なものではなかったので、実際にこの数年でなくなりました。わずかに残された写真がその様子を物語っています。

それでも、内装はかなりきれいでした。［総合技術］教師とマイスター教師は定期的に部屋を改修し、毎週の部屋の掃除は教師と会社の間の契約によってとり決められていました。支払いは平方メートル単位で行われました。

タール通りの物件は、二つの特別な機能が特徴でした。他の総合技術センターでは、ツェラ－メーリスのＥＧＳのように総合技術の教師とマイスター教師が席を同じくするということはありませんでした。しかしここでは、「教師室」が共有されました。

そのためお互い相手のグループから出される問題に気づきましたが、専門的に一緒に働く機会もありました。時々明らかになる小さな違いは迷惑でした。教師は教育義務どおりに行うことができました。それはマイスター教師を悩ませました。［総合技術教師はレアプランや教科書や教師用指導書どおりに行えばよかったということだ。］しかし、マイスター教師には四半期ごとに支払われるのボーナスを教師は受け取っていなかったため、これもイライラ

【原書】33頁

する理由でした。〔著者は総合技術教師だからイライラする側だった。〕しかし、一九八〇年代の終わりにコンピュータキャビネットが設置された際は、マイスター教師が教師を理解したという事実がそこにありました。その時、廊下の一部は新しい部屋に使われなければなりませんでした。その結果、廊下が封鎖されたため、マイスター教師は常に生産室から教師室まで「中庭を渡る」必要がありました。悪天候ではとても不快でした。中庭といえば、授業終了後のバス待ちの「待ち合わせ場所」でした。スクールバスが来たときだけ、マイスター教師か〔総合技術〕教師が通りへの門の鍵を開けました。当時は交通量も非常に多かったタール通りは危険源だったので、そのようなルールを守らなければなりませんでした。〔マイナス面でマイスター教師と総合技術教師がわかり合えたという自虐的なエピソードである。〕

さて、今度は内容の観点から労働の説明に移ります。一九八〇年代半ばから、EGSの教育チームはズールの総合技術センターの中で最も年少な集団でした。

平均年齢が若い中でも、教科相談員のエックハルト・クナッペとペーター・ゴイスは際立っています。ゴイスは主に七年生で雇用され、彼の同僚からは教育的な「魔術師」と内々では見なされていました。そうでないとたいへん活気のあるクラスで、彼は生徒をなんとかしつけました。そうでなければ、そのような落ち着きは七年生〔日本では中学一年生〕ではありえませんでした。彼がそれをどのようにしたかは彼の秘密でした。

この節は、教師とマイスター教師の間の協力の例で終わる必要があります。一九八〇年代の初めに、カリキュ

【原書】34頁

原書33頁：ツェラ・メーリス（タール通り）のこのバラックでEGSの総合技術（7年生から10年生のESP教室。7年生と8年生のPA室）が行われました。このバラックは1990年代のはじめに取り壊されました。（出典：会社新聞Komet（彗星）2／1981）

ラムの変更のために九年生の教科室を再構築する必要がありました。すべての生徒に電気キットを実験する機会を与えなければなりませんでした。特にローラント・フロイントを含む教師とマイスター教師が一緒に取り組みました。彼らは会社の電気の見習いにサポートされました。それにより新学期の授業は専門的に行うことができます。ただし一つの欠点は、ヒューズが取り付けられていることでした。そのため、実験の設定が間違っていてヒューズが切れた場合、教師は配電盤に走りました。電化製品工場ズールコンビナートは、サーキットブレーカー〔事故電流の遮断機〕の調達と設置に成功していませんでした。これは、東ドイツの不足経済によるものであり、それはこのコンビナートの前であっても足踏みしませんでした。

RG28の「伝説」に迫る総合技術生徒

現在、南チューリンゲン教育センター（BCS）で働いているデートゥレフ・ヘスは、第二POSの元生徒であり、七年生から一〇年生までEGSで総合技術を経験しました。彼は「PA」

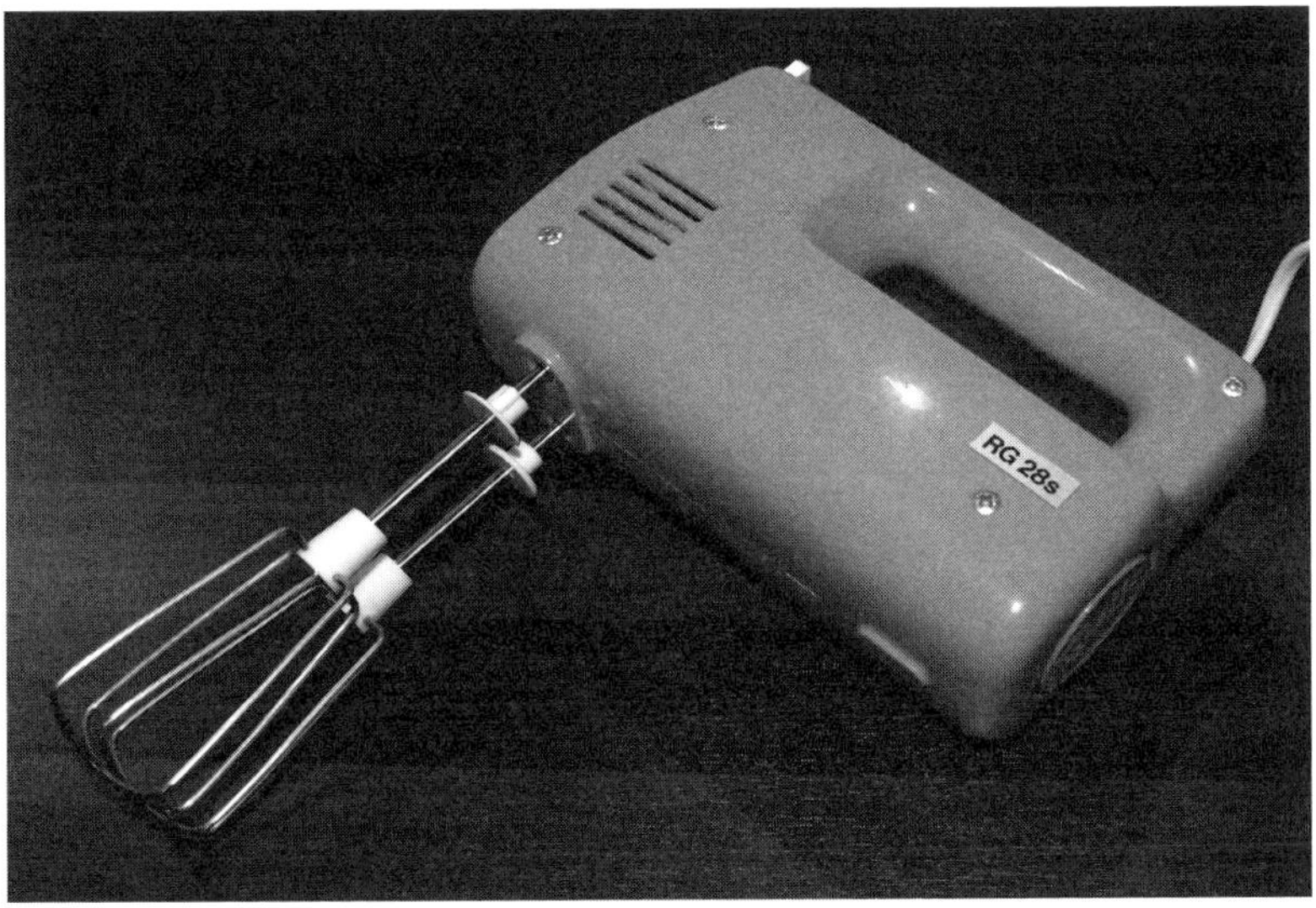

RG28[41]（出典：Der Streckenvogel at German Wikkipedia CC BY-SA 3.0 DE）

のことと個々の部門を非常にはっきりと覚えているので、著者に情報を提供する重要人物でした。

タール通りのバラックの七年生のPAキャビネットでは、他のすべての総合技術センターと同様に、やすりがけ、穴あけ、曲げが主な作業でした。金属の基本的なスキルはそのように訓練されました。EGSの製品は、例えば、暖炉スクレーパー「よごれなどをかき落とすへら」やハンガーフックでした。彼にとって、八年生への進級はより興味深いものでした。

八年生のPAキャビネットもツェラー メーリスの同じバラックで行われました。映画「ミキサーは天国に行けるのでしょうか?・Kommen Rührgeräte in den Himmel?」［この映画は二〇一六年制作である。主題のひとつは、四〇年以上経っても完璧に動作する装置が東ドイツで製造されていたということにある。[42]」で再び注目を集めた電動ミキサーＲＧ28は、八年生がベルトコンベアで組み立てました。

もちろん、電化製品工場やこの会社の協力パートナーには別の組立ラインがありました。しかし事実として、全く一定数のミキサーの生産については、生徒だけが責任を負っていたということです！　組立ライン自体には、十数人の生徒の仕事がありました。各クラスの残りの生徒は他の仕事に割り当てられました。

〈解説〉

ＥＧＳには一定数のミキサー生産について、生徒だけが責任を負う組立ラインがあった！　しかも八年生でそれを行っていたということだ。このことは、ズールの特徴として工場に生徒生産部門があったと原書5頁で見たとおりである。

こうした仕事場を見つけることは必ずしも簡単なことではありませんでした。エンツィアン［エンツィアンは企業側の人員であるマイスター教師である］、彼はゾンネンベルク出身の人でしたが、クラスのすべての生徒が組立ラインＲＧ28で作業できるわけではなかったため、一九七七年に彼は八年生の生徒のために仕事場を見つけることになっていました。彼が提供されたのは、廃棄された古い工作機械のある部屋で、そのほとんどはもはや機能していませんでした。道具メーカーにすべて動く力はあると言われたので、彼は袖をまくり上げ、実際にすべての機械を再び稼働できるようにしました。それでも、もちろん、機械（旋盤、フライス盤、型削り盤）は

【原書】35頁

古いものでした。そしてなお、これら「オールディーズ」のための仕事を見つけなければなりませんでした。どう解決したのでしょうか？　同社にはスペア部品製造部門がありました。そこのマイスターの助けを借り、エンツィアンは生徒が製造できる部品を選び出しました。それは、例えば、ミキサー用の金属、プラスチック、またはゴム製のカップリング部品でした。「パンタグラフカーボンケース Kohlehülsen」も作られました。ここでは、最初にパイプの材料を所定の長さに切断し、次にかかとをフライス盤で削り、最後に割りピンホルダー用の穴を開ける必要がありました。フードスライサーのドライバーも、旋削、穴あけ、リベット留めの作業プロセスを使用して、八年生の機械キャビネットで製造されました。

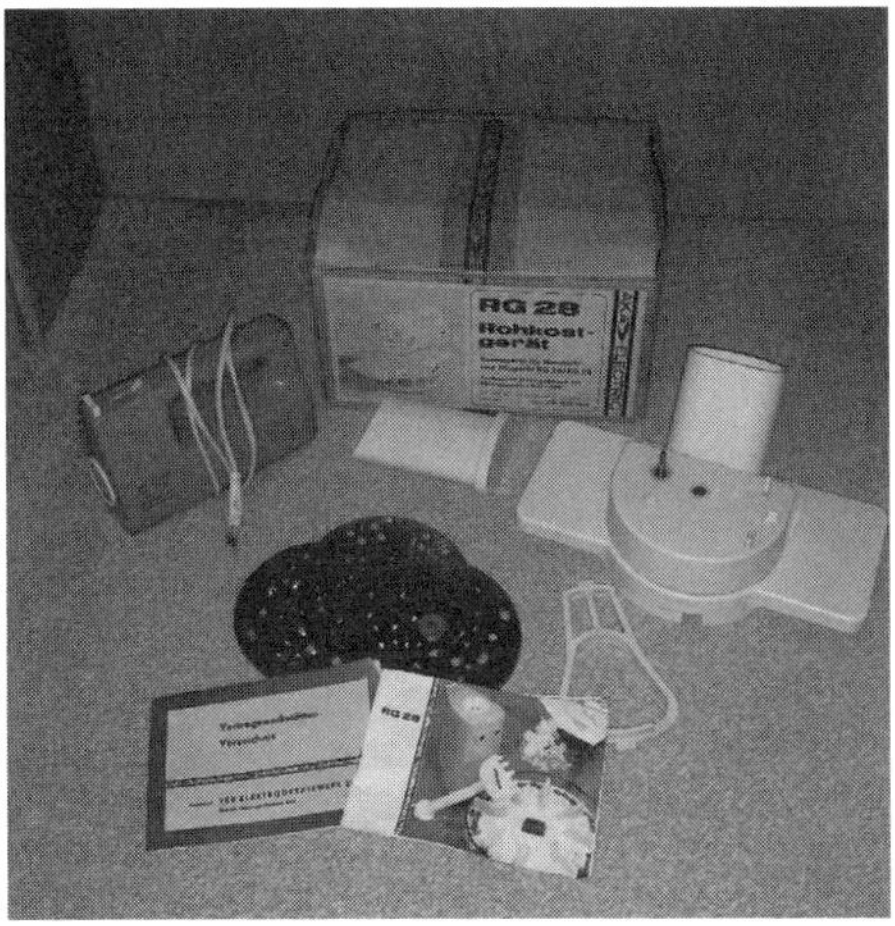

原書 35 頁：ミキサーと生食装置と包装と取扱説明書と生産会社の正式の認可を受けた契約修理工場リスト。製造には生徒たちが大きな役割を果たしました。（出典：アルント・ヴァイセンボーン 所蔵）

〈解説〉

ミキサーＲＧ28の組立ラインに立つ生徒の数は限られていた。工場に合わせて学習が組み込まれるのである。再三述べているように学習に合わせて工場があるのではない。これが基本である。ここでは、そのことがまずわかる。しかし、残りの生徒のために仕事を作る必要があった。これは、学習に合わせて仕事を作る必要があるということも示している。

エンツィアン氏は、廃棄された古い工作機械がある部屋を与えられた。その条件下で仕事を作った。機械を修理し、再び動くようにし、その上で、会社にスペア部品製造部門があることに着目し、生徒が製造できる部品を捜し、その部門を立ち上げたのである。工場で廃棄された機械を再利用することは推奨されていたようである（原書11頁のDirk Bodeの著書一四九頁）。

九年生への進級に伴い、生徒は改めてＲＧ28に結びつけられましたが、今度は間接的な結びつきでした。ＲＧ28には、生地フック、泡立て器、ハンドブレンダー、野菜カッターなどのさまざまな付属品がありました。しかし他にもミキサーＲＧ28のオプションとしていわゆる「生食［ローフード］装置 Rohkostgerät」がありました。この装置を使用すると、ジャガイモをカットしたり、すりおろしたりすることもできました。この生食装置が九年生の生徒生産の最終製品でした。この部門は「四四三〇」（ＥＧＳ従業員による、コンビナート敷地内の複合ビルの略称。今はＣＣ卸売市場）の中にありました。またそこには、ライン作業と副次的作業を行う生徒用ラインがありました。

八年生と同じように、生徒たちは週ごとにシステムに従って場所を変えました。もちろん、これにはフロープランがありました。仕事は、さまざまな需要のレベルによって定められました。交代することで、確かに非常に目立っていた労働の単調さを回避することができました。各労働部署には、個々の教授―学習の課題を付けたホルダーがありました。生徒たちは、生産ラインでの自分たちの仕事に加え、これらを処理する必要があ

【原書】36頁

りました。もちろん、労働部署はマイスター教師によって教育的かつ方法的に準備されました。労働安全衛生および防火対策のガイドラインも遵守する必要がありました。そのため、教師たちは、個々の作業場が整頓されていることを確認しました。労働部署ごとおよびエリアごとに番号が指定されました。これらは計画されたとおりでした。達成された成果は黒板に記録されました。そのため、いわゆる生徒競争をしているクラスを互いに比較することができました。生徒たちは、政治的に求められていた計画と競争という概念に、早い段階で慣れ親しみました。競争評価は当初、大規模に、多くの生徒が参加し、ツェラ－メーリスのフォルクスハウスで大規模に行われました。後では控えめになり、会社の中に留まりました。

〈解説〉

数行の短い叙述であるが、興味深いテーマがいくつか述べられている。

一つ目は単純労働の問題についてである。現実に機械制大工場においては単純労働が不可避であるということを示している。しかし労働の単調さを回避するため、週ごとに労働部署を変更していたのである。工場での単純労働が原因となっている一面的発達に対する対抗軸としても全面発達の考えが出てきていたことを考えれば、その関連で興味深い。

二つ目は、ＰＡで出された教授－学習の課題というものについてである。著者によると、次のような説明だった。出された課題は、他の教科の教科内容に関連している点がポイントである。例えば、物理学や化学の授業と関連しているといった具合である。そのため難しいものでなく、生徒が学校で授業をしっかり受けていれば答えられるようなものだった。

三つ目は、工場内での事故や製品の欠陥についてである。事故や欠陥品の発生はどの程度あったのだろうか。著者によると、既述のように、将来、ハンディキャップが生じるような事故はほとんど無かった。また、欠陥品については「時々誤りが訂正されることがあり得ました。それがうまくいかなかった場合、それは単にスクラップであり、廃品箱または

原書36頁：1980年代EGSでの生徒競争の評価イベント。生徒の他に多くの「経営幹部」がいます。写真中央のテーブルの人物はコンビナート支配人です。（出典：エックハルト・クナッペ所蔵）

ゴミ箱に入れられました。」ということであった。このように事故や製品の欠陥について、それほど問題は深刻ではなかったようである。

四つ目は、「生徒間競争」についての言及である。これも東ドイツの教育を語る上では重要なテーマである。市場経済の下では競争は自然に生じる。それが生産性向上と生産力向上を生む。社会主義経済ではその点が課題となる。その点をどう解決しようとしたのか。競争には「排他的競争」と「協同的競争」があると言われる。おそらく後者の競争がここでの競争だと考えられる。この点について本書ではこれ以上深めることは他の機会に譲りたい。

振り返ってみると、RG28（八年生）のラインでの生徒の仕事は、［オプション装置である］生食装置（九年生）のラインでの仕事よりもはるかに厳しいものでした。したがって、年齢に応じた要求の増加という教育学的原則は「動作不能」となりました。どうしてこうなったのでしょうか？　至って単純です！　エリアは、生産の必要性と機会に応じて設定されました。賢い生徒は、この過少な要求に気づきました。〔繰り返しになるが、学校の教育課程に合わせて工場の労働内容を組むことは難しいということだ。〕

「梱包」の労働部署も教育的価値がありました。生徒が作った製品は、彼ら自身で製品の写真と名前が入った箱に入れ、粘着テープで密封しました。それは彼らにとって信じられないくらい素晴らしかったです。もちろん生徒たちはほとんどの製品が「西に」に行くということにも気づいていました。〔生徒の誇りと自尊心を育んだということ。〕今日、生徒たちがこの文脈でどのような考えを発展させたかは推測することしかできません。

一〇年生のＰＡ授業では、ＥＧＳでもＦＡＪＡＳやＷＢＫと同じく、生徒たちは生産に投入されました。彼らの助けを借りて、貯湯タンク、食品スライサー、モーターグリルが製造されました。稼働中のすべての生徒労働部署には、特大の文字で「生徒労働部署」の表示がありました。そのため、すべての従業員と会社の訪問者は、総合技術の生徒がどこに配置されているかを知ることができました。興味深いことに、生徒労働部署にはそれぞれ一人の「熟練労働者教師」が責任を負っていました。実際の仕事に加え、彼は常にすべてが順調に進んでいることを確認する必要があり、問題が発生した場合の生徒の連絡窓口でした。熟練労働者教師たちは定期的に研修を受けました。

最後に、ＥＧＳにおける総合技術の管理構造についての考察が残っています。それは明確に規定されていました。総合技術は企業内学校の一部門でした。一九八八年のことです。これは代表的なものと見なされるべ

【原書】37頁

きですが、クラウス・ミューラー所長との毎週の業務会議で、理論の部門長と実践の部門長（ヴォルフガング・ミューラー——［映画］監督とは関係ありません——そしてトーマス・ショトラント）および総合技術の長（トーマス・シュールフライシュ）がテーブルに着いていました。トーマス・シュールフライシュの数年前、ヴォルフガング・ミュラーがＥＧＳの総合技術の責任者でした。そのため、グループ内にはある程度の「総合技術のノウハウ」があり「総合技術のロビー活動」もかなり行われていました。ベルリンの壁崩壊前の経済的に困難な年には、それは確かに悪いことではありませんでした。いずれにせよ、会社には総合技術サポーターがもっと必要でした。

〈解説〉

後述（原書45頁）に見るように、生徒の労働は会社の収益となるようなものでない。むしろ会社にとっては負担である。ベルリンの壁崩壊前の経済的に困難な時期にはその負担が増した。だから、総合技術の理解者が会社にはもっと必要だったということだ。

本書のための調査中、生産部長 Produktionsleiter のホルスト・マインハルトの名前がよく出てきました。この人物によって他の総合技術のサイレントヘルパーたちを代表させたいと思います。

締めくくりに、ＥＧＳで総合技術に従事していた教師の一部をここに示したいと思います。ヴァルター・ケルニッツヒ、ローラント・フロイント、グトゥルン・モラヴスキー、フランク・チューリッヒ、カローラ・スチューブナー、ジークリット・ハルティング、ユルゲン・ヴェーバー、ビルギット・ハートヴィッヒ、エルケ・ヴィルジング、あるいはヘルムート・クレンツです。彼らの結束は良好で、例えば、ＥＧＳがコンビナートを運営していたゼールネヴィッツ（マイセンの近く）への旅行は、連帯感をもたらすのに自然に良い影響を与えました。彼らすべてにとって、まだ現役にあるかどうかにかかわらず、総合技術はもはや「生きて迎えた歴史」にすぎません。

生徒の身に何が起こりえても

ドレスデンは東ドイツ時代「無知者の谷」にあり、西ドイツのテレビ番組を受信できなかったために共和国の他の地域の人々が嘲笑しました。［この「無知者の谷」については東ドイツ通の人にはよく知られている事実であった。］ドレスデンに入ると、ズールの生徒もまた無知でした。一九八〇年頃、彼らはドレスデンのユースホステルに宿泊しました。そのホステルは、東ドイツの優れたユースホステルのひとつでした。何年もの間、ＥＧＳ会社の総合技術の生徒コンテストの一位は、賞としてこのホステルに招かれました。ホステルのマネージャーに「贈り物」を持ってくることで、繰り返し訪れることが可能になっていました。部屋の確保のお礼として、彼はミキサーを手に入れたり、万能カッターを手に入れたりすることもありました。しかしその時は、彼自身がプレゼントを望みました。彼はモダンな電気グリルが欲しかったのです。マイスター教師ヴァルター・ケルニッヒはこれを会社で「組織」し、エルベ川のフィレンツェへの次の旅行が確保されました。

コンテストの勝者が彼と教師アルント・ヴァイセンボーンと一緒にそこに到着したとき、彼らは西ドイツの年上のグループに会いました。西からのクラスが数日間ドレスデンを訪れていました。夕食の後、西の高校生は床に座って西のヒット曲を聴きました。カセットレコーダーを持ってくることでこれが可能でした。当初、ズールの人たちはこの年長の仲間たちの「床に座ること」に驚いていましたが、しばらくして彼らは一緒に床に座りました。もちろん、彼らは音楽を聴くだけでなく、夜遅くまで語り合いました。二人の頭の中はガタガタと鳴りました。この遭遇をズールに戻った後に報告するべきだろうか？　二人はお互いにとらわれず、否《いな》NEINを決定しました。今日、二人ともそれについて笑って話すができます。

〈解説〉

「東西ドイツの若者の交流は禁じられていなかったのだ！　東ドイツには案外、開放的な一面があったのだ。」と当初、思ったが、読み進めるとそうではなかった。事後報告するべき案件ではあったのだ。しかし二人が報告しないことを決めたことには、個人の判断の余地があったと考えることができ、救いである。

国営企業
住宅建設コンビナート
「ヴィルヘルム・ピーク」
ズール WBK

VEB Wohnungsbaukombinat
“Wilhelm Pieck” Suhl

困難をかかえての出発

ズールの人口増加は、新しい学校の建設につながりました。しかしその結果、拡張した総合技術授業の収容能力も創出しなければなりませんでした。住宅建設コンビナート（ＷＢＫ）の「ヴィルヘルム・ピーク」は、一九七〇年に総合技術センターの設立を委託されました。［学校増設は、自ずとＰＡの仕事場の確保という課題に連動するのである。そして総合技術教育センターの設立さえ必要となるのである。］一九七〇／七一学年度はかなり控えめに始まりました。七年生と九年生のわずかなクラスだけがＷＢＫに割り当てられました。ちなみに、エアラウからのクラスもありました。そのなかに後のズール市長であるマーティン・クンマー博士がいました。ＥＳＰとＴＺの教室は、ラオテンベルクの会社の学校にありました。ＰＡ授業はアウエ一（バラックアウエン通り）で行われました。職業学校の地下にある教室は特に魅力的なものではなく、ＰＡ施設の雰囲気もありませんでした。そこで、変化の可能性を模索しました。最終的に、コンビナートの管理者は、消防隊の反対側に立っていたＷＢＫのバラックを一つ、その理論と実践に使用することを決定しました。［総合技術］教師とマイスター教師は満足していました。春になると、改修と設備が段階的に始まりました。「リノベーター」の責任者は、当時総合技術部門全体の責任者だったフラオエンヴァルト［ズール市の隣の都市］の人であるヴァルター・エヴァルトでした。彼はまだマイスター教師の学修を修了したばかりでしたが、とりわけ、梱包、整理、そして即興での対応をすることができました。さらに、彼は長い間ＷＢＫに在籍しており、彼のプロジェクトに必要な人たちを数多く知っていました。

【原書】38頁

当時の主任教師であるギュンター・シントゥヘルムは、比較的多くの人生経験を持つ男でしたが、学校の業務にはまったく慣れていませんでした。彼の義理の両親が西ドイツに行ったので、彼は国防軍の将校をヴォルフェンで引退しました（解雇されました）。それで彼はハレの大学昼間部で総合技術の学修を行い［夜間部や通信教育ではなかったということ］、学位を修得後、南チューリンゲンの彼の故郷に戻りました。エヴァルトのように、彼は組織者としての才能があり実践的な能力もありましたが、それでももう一つ潜在能力がありました。時間です！［単身赴任していたから時間がたくさんあった。］

彼が教師になって最初の年、家族はヴォルフェンにまだ残っていました。週毎に人の目にはバラックがだんだんと瀟洒な建物になっていくのがわかりました。夏休みにはマイスター教師も教師も皆が手を貸しました。著者はと言えば、当時ＷＢＫの若手の総合技術教師でしたが、娘が誕生したため、必要なアパートの改修作業を毎日、会社でのしばしば遅い仕事の後に着手していました。家族は一度は不平を言いました。彼はすでに国防軍で基本的な兵役を終えていたため、この新しい総合技術センターへの異動はありませんでした。［原書著者のドレスラー氏はこのリノベーションやこのセンターとは無縁だったということだ。］しかし、わずかな休暇期間中のある日、彼がアウエ一を見たとき、その驚きはどれほど大きかったことでしょうか。バラックはもはや立っておらず、取り壊されていました。その跡地にＷＢＫのサービスビルが建てられました。ＥＳＰとＴＺの授業は再びラオテンベルクで、そして再び地下室で行われました。［シントゥヘルムの労は報われなかったということだ。］

ギュンター・シントゥヘルムと並びＷＢＫの最初の時期の教師になったのはクラウス・デーベルツホイザー

原書39頁左：男女間の分業！重労働はおのずと男子がしました。（出典：ルーディ・ゲルビッヒ所蔵）

でした。同僚のマイスター教師たちは応急施設に移動し、何年もの間かつての建設現場の施設に生徒たちと一緒に留まりました。七年生と八年生の生徒は、シュヴァルツヴァッサーヴェークのバラックに入りました。そこでの彼らのマイスター教師は、ヴァルター・メレッヒ、ヴァルター・ハイムブロース、ペトラ・フライシャーおよびクリステル・レーマンでした。清掃フック、新聞ラック、ソーセージグリル、スタンドまたはスクレーパー［よごれなどをかき落とす道具］が作られました。ソーセージグリルを除いて、建設現場で本当に必要なものはすべてありました。九年生はフラッハバウでＰＡ授業を修了しました。そこには現在、オーエンシュトラーセの再建されたシュミットガラス工場がもちろんあります。ヴィヒッツハオゼン出身のローター・アーノルトは、ここでは責任のあるマイスター教師でした。ハイドン通り（ラオテンベルク）のかつての建設現場施設には、九年生の「支部」が収容されていました。とりわけ、ルーディ・ゲルビッヒはここで働いていました。

彼はハインリッヒスで生まれ、ジムゾン工場で金属の職業を学び、後にラオテンベルクに住み、そこで何年も企業内学校でボイラーマンとして働いていました。［大企業には見習い養成の学校があり、これがまた、ＥＳＰや

【原書】39頁

TZやPAとリンクしていた。」ギュンター・シントゥヘルムとルーディ・ゲルビッヒは校舎で終業後のビールを飲みながら仲良くなりました。その時、ルーディ・ゲルビッヒはボイラー室を永遠に去るべきだという、シントゥヘルムの考えが生まれました。彼はゲルビッヒのためにマイスター養成コースへの参加を組織し、すぐに彼を総合技術に採用しました。よいことに、彼がWBKの人事課（現在は人事部門と呼ばれています）に話しかけ、ゲルビッヒの異動が押し通されました。それで、ボイラーマンの彼は、生徒たちに非常に人気のあるマイスター教師になりました。ラオテンベルクのハイドンシュトラーセの職場は、シューマンシュトラーセの「企業内学校よりも自宅から近くにありました。これは、彼の労働条件の改善に加えて、もうひとつの利点でした。

原書39頁右：共同作業が必要でした。二人の生徒がコンクリート型枠を組み立てています。（出典：ルーディ・ゲルビッヒ 所蔵）

舗装石と壁用石板も生徒が製造するものに入っていました。もちろん、WBK自体がこれらの製品を必要としていました。「住宅建設業者」や庭の所有者もこれらの製品を上手に使うことができました。生産過剰になっても、ホットケーキのようになくなりました。「作りすぎたとしても飛ぶように売れた。」したがって、ルーディ・ゲルビッヒは生徒だけでなく、そうした顧客にも人気がありました。

【原書】40頁

しかし、建物の状態は標準をはるかに下回っていました。長い目で見れば、このように続けることはできませんでした。

ついに――新しい建物

ＷＢＫの実習は、長年にわたり市内各地の仮設施設（旧建築現場施設）で分散的に行われていましたが、一九八四／八五年度の開始とともに大きく変化しました。ラオテンベルクのシューマン通り、コンビナートの企業内学校の向かいに、新しい建物が建ったのです。そこでＰＡ授業のすべての生徒を引き受けました。しかし一〇年生だけは、建設現場にとどまります。それは意図的なものでした。一八ヶ月の建設に一二〇万マルクが投資されました。

〈解説〉

既出の根本による一マルク≒一四〇円で計算すると、一億六八〇〇万円の建設費である。一方、一九八〇年における平均勤労者の各種手当てを含めた月収は約一〇〇〇マルクとされる。[43] 当時の日本の月収は各種統計で約二五万円とされるので、日本人の生活感覚としては一マルク≒二五〇円となる。この数字で計算すると、新しい総合技術センターの建物は約三億円の建物だったということになる。

現在、州職業教育センター ズール・ツェラ－メーリスのズールの学校の一部になっているこの建物は、生

原書 40 頁左：この総合技術センターの新しい建物を WBK は誇りに思いました。指導スタッフと生徒の労働条件はたちまち改善しました。（出典：企業内新聞　コンビナート、第 1 号 1985 年 1 月号）

徒と実地指導員に進展をもたらしました。ズールの六つの学校の生徒がラオテンベルクにやって来ました（第五、九、十一、十三、十五、十六POSの生徒です）。当時は合計五三九人の生徒でした。［この五三九人は七年生と九年生のことである。一学年約二七〇人、五四〇人÷五（日）＝一〇八人。毎日約一〇〇人の生徒がやって来たという計算である。］ちょうど一学年後、拡張が終了し、二三二人の八年生の生徒もシュヴァルツヴァッサーヴェークからラオテンベルクに移動することができました。数合わせを完璧にするために、コンビナートのさまざまな職場に配置された一〇年生の二五九人の生徒の数を挙げておく必要があります。［七年生＋九年生＝五三九人、八年生＝二三二人、一〇年生＝二五九人、合計一〇三〇人という計算である。］

市学校評議会の「一九八二／八三学年度の作業計画」が示すように、新しい総合技術センターは待望されていました。一九八二年一二月三日、総合技術の担当官であるリッツマンは、「WBKズールの総合技術センターの建設工事の状況に関する情報」を提供しました。（出典：ズール市公文書館　一三〇二／一六八）。その数年の間にズールの生徒の数は増加しました。もちろん、完成後、ＷＢＫでは価値の面でも収支決算ができていました。一〇〇〇人を超える生徒が製造した製品や労働の成果の計画として一二三万七〇〇〇マルク［前述のように生活感覚での一マルク二五〇円という数字を使うと、約六〇〇〇万円］を生産する必要がありました。これは、東ドイツらしいと言えばらしいのですが、超過して達成されました。一九四九年に入社し、当時は総合技術部門の責任者を務めていたフランツ・ポコルニーは、一九八五年にＷＢＫの企業内新聞「コンビナート（第一号一九八五年一月号）」に丸々一ページの記事を書き、その中で、新しい建物を紹介しました。［企業内新聞は企業内のＳＥＤの党組織が月に一～二回発行している新聞。］

工作室一室、最新の機械を備えた機械室一室、広々とした生産ホール一室、授業のための教室一室、実地指導員のための部屋についての記述がありました。十分な数の更衣室、トイレとお湯の出る洗面所も記載されています。洗面所のお湯についても明記することで、以前の実地教育場の状況がどのようになっていたかがわかります。さらに次のように書いてありました：「ＢＳ〝フィリップ・ミュラー〟の向かいに総合技術センターを設立することは、理論の教師陣と実践の教師陣との密接な結びつきにプラスの効果をもたらし、両者の統一的な教育活動を促進します。」確かにそうでした。わずか数分で、総合技術教師は実践の場に立ち、遠くまで足を運ぶことなく、教室とは異なる視点で彼の生徒を見ることができました。

〈解説〉

すでに述べたことであるが、総合技術教師はＥＳＰとＴＺとＰＡの三教科を担当したが、ＰＡでの役割は特殊であった。ノートに記録しながら生徒の労働の様子を観察することがその時間の仕事であった。しかしそのお陰で、実地指導者や熟練労働者教師にアドバイスをしたり、授業づくりの上でのＥＳＰとＴＺとのつながりを見つけたり、教室とは異なる生徒の状況を知ることができたりしたのである。

一年後〔一九八六年。東ドイツ経済が傾き、物不足がいよいよ深刻化し始めた時期に当たる。〕、フランツ・ポコルニーは企業内新聞「ペースメーカー」で再び報告しました。再び称賛の文と新しい施設への誇りを示した文がありました。しかし、それ以外にも問題を示唆するような文章が「混じって」いました。「生徒が作業する機械や装置が保護品質証明書を受け取るよう、保護品質委員会が私たちのコンビナートで積極的に活動することがより緊急に必要です。」しかし、まだ大きな批判があります。「アム・ゼーマー〔地名〕の現場で必要なスペアパーツが不足しているため修理できないまま四ヶ月以上使用されている、欠陥のあるコンクリートミキサーについても心配しています。」

最後に、生徒が製造した製品の多くは国民も購入できたということを説明しておく必要があります。そのため、消費財生産に貢献するので、それは当時、党と政府によってすべての企業とコンビナートの重要な目標と見なされていました。人口ニーズに対応するＷＢＫの製品リストはたいへん印象的でした。舗装石、壁用石材板、芝生縁石がそれに属します。もちろん、生徒たちは「自分たちの」製品を自家用車のトレーラーに積み込むのを手伝うことができたことを誇りに思いました。［著者に確認したところ、これは市民が直接購入しにやって来たということである。しかしそれは限定的で、基本は、店舗に出し、そこで市民は買っていたということである。］新しい建物は、生徒のための実習場としてまる五年間、使われました。［統一後］改築と改修をした後、現在、そこでは見習いが職業訓練を受けています。しかし、ズールの多くの人々は、彼らがそこを歩いたり車で行ったりしたときの「総合技術の生徒時代」のことを覚えています。

改善運動のことを忘れてはなりません。それは東ドイツの政治的な重要課題でした。若者でも、実地教育中に改善のための提案を行うよう促されました。「明日のマイスター見本市」（ＭＭＭ、別名「マックス・ウント・モリッツ・メッセ」とも呼ばれる）運動の一環として、このような提案はまず会社に提出されました。［ＭＭＭは、発明改良活動家や社会主義的合理化貢献者たちの成果展示会］提案が特に良かった場合、それは明日のマイスターの地区見本市に進達しました。こうした見本市は、県レベルと中央レベル（ライプチヒ）でも行われました。ズール地区の見本市は毎年、展示ホール（二〇〇七年九月二五日に全焼しました――今はショッピングセンター「AUE-Tor」があります）で開催されました。教科ＰＡの生徒が改善プロセスに参加するように奨励されたことは、実際、理にかなっていました。もちろん、これはマイスター教師の支援なしにはできませんでした。ＷＢＫの企業内新聞（一九八三年七月二日）では、半ページの記事がまさにこのトピックに捧げられていました。それはステープル（かすがい）を製作中の生徒を自由にした三ミリメートルワイヤー用の巻き戻し装置の話でした。労働安全衛生の役割も果

【原書】42頁

原書 42 頁：生徒が手を貸すことも許可されたズール - ノルトの住宅建設。背景には、シュトルスの暖房設備［暖房工場］があります。そこでは、何千もの大きなプレハブ住宅のために生褐炭による地域暖房［遠隔暖房］が生産されていました。［暖房工場で生褐炭を燃やし、お湯と熱を作り、そこから、主に埋設されたパイプで地域の建物にお湯と暖房を供給する。そういう地域的なセントラルヒーティングの仕組みとなっているということである。］（出典：ズール市公文書館）

たしました。七年生と八年生の機械キャビネットのすべてのドリルに、足でスイッチを切ることができる二番目の保護スイッチが取り付けられたというものです。引き続き他の提案が書かれていました。「同僚のゲルピッヒと第五POSの生徒は二つの金属漏斗を作りました。それにより、舗装石の製造のために、常に同じ量のコンクリートをプラスチックの型に入れることが可能になりました。これによりセメントと砂利が節約されます。」文章はさらに続きます。「第十一POSの九aの生徒は、コンクリート製造アウエ一の同僚アーノルトの指導の下、長さ一・二〇メートルから三・〇〇メートルの鍋などの蓋を製造するための金型を開発しました。その後、これらの型はヴァルドルフにあるWBKの中央作業所が製造しました。これまでは摩耗した木製の型を交換するには、二年ごとに二・五立法メートルの木材が必要でした。［木材の節約になることに生徒が寄与した、ということだ。」」マイスター教師のローラント・カイザーは生徒と一緒に庭のベンチのコンクリート型枠を設計しました。これらの例はどれも平凡に見えるかもしれませんが、それぞれの提案におけるマイスター教師の貢献は生徒の貢献よりはるかに大きく、そこには教育的な意図が認められます。生徒はイノベーションを起こすために「道連れにされる」べきものでした。そのため生徒には早い段階から改善のためのアイデアを得るための永続的な努力を植えつける必要があったのです。「総合技術教育 Polytechnischer Bildung und Erziehung」ということを語るのは偶然ではありません。

〈解説〉

「明日のマイスター見本市」（ＭＭＭ）のような、生徒が生産現場に改善を提案することを促されるということについて、ここでは多くを語れないが、これはまた、東ドイツ社会に特有のテーマに該当する。

それではこの分野を離れ、生産を直接行っているＰＡ授業に話を進めましょう。ＦＡＪＡＳ、ＥＧＳおよびＷＢＫのいずれであっても、一〇年生のすべての生徒は、さまざまな生産分野で「働いていました」。

〈訳者による解説だけの特別な節3〉

新しい総合技術センター

前の節にはWBKに新しく建設された総合技術センターのことが書かれていた。総合技術センターについては既に説明しているが、重複を厭わず再度説明すると、それは総合技術授業（ESPとTZとPA）を行うための施設である。一般には、七、八年生用の専門のキャビネット（工作室と機械工作室）と八、九年生用の特殊な生徒生産部門を備えている。ESPとTZのための教室もある。その教室はESPとTZ専用の教室である。一〇年生の生産は、実際は別の場所で行われるが、組織的には同じ総合技術センターが管轄をあずかる、というものである。

原書40頁の写真は、「私たちのコンビナートの新しい総合技術の実地教育センター」という見出しを付けたWBKの企業内新聞「コンビナート」（第一号一九八五年一月号）の記事を紹介している。その全文を入手することができたので、その全訳を次に掲げる。あらためて総合技術センターとは何か、その実相が浮かびあがるのではないだろうか。傍線と［ ］は訳者である。

私たちのコンビナートの新しい総合技術の実地教育センター

一九八四／八五年度の始まりとともに、私たちのコンビナートの総合技術の実地教育は好ましい条件の下、ラオテンベルクの新しい教育センターで行われます。七年生用の近代的に整えられた工作室一室と近代的な機械が装備された機械工作室一室、ならびに、九年生用のコンクリート製品と鉄筋コンクリート製品を製造するための広大な生産ホール一室、その他に、授業や指示を行うための教室一室、そして温水の出る洗面所、トイレおよび更衣室が整備されています。

新しく建てられた総合技術の実地教育の場は、社会主義教育政策に関するいかに大きな注意が国家と政府により払われているかを明確にしています。

教科「生産労働」で七年生と九年生の五三九人の生徒が新しい工作場で授業を受けます。一〇年生の六〇人の生徒は新しく立てられた建物の周囲の外側の設備の建設に従事します。

ズール都市郡の第五、第九、第十一、第十三、第十五、第十六ＰＯＳの七年生から一〇年生、二週間で九一六人の生徒が、それぞれ四時間から五時間、生産教育に参加します。

七年生の生徒は簡単な機械で材料加工の練習をします。簡単な組立と仕上げ作業も遂行します。これは、八年生の二三二人の生徒にも当てはまります。しかしこの学年の教育はシュヴァルツヴァッサーヴェークの作業場でまだ行われます。しかし、この新しい教育施設に並んで建物が拡張されることが計画されているので、遅くとも一九八五年の九月一日までに、この生徒たちもラオテンベルクで教育されることになります。［七年生と九年生五三九人、八年生二三二人、一〇年生一四五人、合計九一六人で計算が合う。一〇年生は他に一五四人が別の現場にいると考えることができ、それで原書本文の合計一〇三〇人になる。この記事にも後で一〇三〇人という数字が出てくる。］

生徒の労働のすべては生産的なもので、国民経済に利用されます。例えば、ランプソケット、取り付けブラケット、ナースシュトレッケ［ブルンハルツァオゼンにある地名］のための固定かすがい、組立用かすがい、特にヴァルドルフの組立部品大量生産場および私たちのコンビナートの建設現場のための石膏フックが製造されます。

同じく、消費財生産のために部品が製造されたり、組み立て作業が行われたりします。九年生は作業ホールでコンクリート作業と鉄筋コンクリート作業をします。そして私たちのコンビナーとの建設現場のために優先的にまぐさ鋼桁が製造されます。それは鉄筋鋼の製造と錬鉄を短くすることにも同じく当てはまります。

さらに舗装石、コンクリート石材、芝生縁石が特に建設現場用、他の会社用、および全住民用に製造されます。生徒はここで振とう工作台で電動鋼曲げ機械と鋼切断機械で作業します。そして持ち上げ装置を使って意のままに思いバラストを持ち上げます。

一〇年生は、外の施設を建築する六〇人の生徒の他、八五人の生徒が私たちのコンビナートの生産班で働き、モルタル、塗装、電気配線、指物師の仕事、大工仕事を遂行します。他に何人かは企画でも働きます。

七年生から一〇年生のすべての生徒の設定目標は、一九八四年の計画年で一八万マルクの価値を生むことです。詳しい論述に基づくと、確かなことはPAは有効に利用されているということです。なぜなら、生徒は彼らの熟達の程度に応じ、直接、生産過程に算入され、決算可能な労働課題を任されているからです。

新しい総合技術センターの開設と総合技術の全教師陣の準備が整うことで生まれた好条件の下、レアプランの求めているものが全面的に満たされます。

しかし、生徒の生産労働は総合技術授業の一部です。それならば、理論がなければ実践はどうなるでしょうか？　総合技術授業の理論的な教科内容を媒介する教科は「社会主義生産入門」と呼ばれ、その授業はラオテンベルクの私たちの企業内学校で行われています。

［企業内学校では］よく整備された電気キャビネット二室と教科授業用教室二室で、一〇三〇人の生徒が六人の教師により、次の領域の授業を受けます。

——機械技術と機械工学

——社会主義企業の生産の基礎

——電子工学

――製図

BS〝フィリップ・ミュラー〟の向かい側に総合技術センターが建てられたことは、理論の教師陣と実践の教師陣の緊密な連携と協力に肯定的な影響をもたらし、統一的な教育活動を促進します。

生徒の良好な成績、熱意、労働の喜び、そして規律ある行動は、建物を作ってくれた人たちへの感謝の表れです。

最も注目すべきは、施設の建設者であるBS〝フィリップ・ミュラー〟の見習い工たちであることを強調しなければなりません。しかしまた、幹部と教育の部局長であるギュンター・ペルツ、私たちのコンビナートの労働者農民監査局（ABI）議長であるホルスト・シュミットおよび投資部門のリーダーである同僚のハルムート・シュナイダーが他の多くの人々を代表して名前があげられなければなりません。

総合技術の教師陣は、PAでもESPでも生徒たちに私たちの社会で利用するための知識、技能および習熟を応用できる状態で授けることで感謝の気持ちを表します。

フランツ・ポコルニー　総合技術部門代表

総合技術センターの実相がこのセンターを例にある程度浮かびあがった。このセンターは工作室一室、機械工作室一室、広大な生産ホール一室、そして普通教室一室を備えていた。著者のドレスラー氏によると、このセンターは地上一階、地下一階の建物で、約三〇メートル×二五メートル、地階は約四〇メートル×二五メートルの大きさであったという。広大な生産ホールというのが地下一階を占めた。

このセンターは六つの学校（POS）の七年生と九年生の二つの学年の約五四〇人が隔週で四時間から五時間利用する。週五日稼働すると考えると、毎日五四人が利用する計算である。なお、一九七七年前後の時点で東ドイツ全体の一学級の平均は二六人とされているので、[44]毎日二クラスが利用したことになる。

記事では約九〇〇人の生徒が一九八四年では年間一八万マルクの価値を生み出すとされている。本文の市学校評議会の作業計画のところでは二三万七〇〇〇マルクが、超過されて達成されたとあり、数字が一致しない点があるが、生徒数や年度の違いからくるものであろう。一方、この一八万マルク〔既述の一マルク≒二五〇円で換算すると、約四五〇〇万円〕は、生徒一人当たり二〇〇マルク〔約五万円〕という計算である。

一方、企業は生徒にいくら経費をかけているのだろうか。業種は異なるのだが、別の企業では生徒一人当たり年間約二〇〇〇マルク〔約五〇万円〕の経費がかかったという数字が後の節で出てくる。その差額はあまりに大きい。PAは企業にとってはまったく採算が合わないもののようである。それはPAがあくまでも教育のために組織されているからである。しかしこの記事では、企業内新聞という性格からか、PAは企業に利益を生み出すものであるということが強調されているように見受けられる。

生徒の労働：教育か、
それとも単なる生産か？

Schülerarbeit:
Bildung oder bloße Produktion?

一九六〇年代初頭に、生徒が労働者の側に配置されてその活動を観察したり、軽微な手伝いをしたりして始まったものは、純粋な生徒労働部署という方向に徐々に拡大されました。一九七〇年代の初めから、生徒の労働の範囲を指定する、より正確な職務記述書が存在しました。生徒が取り組まなければならない教授－学習の課題が割り当てられました。生産の生徒と一緒に働いた労働者は、「熟練労働者教師」としての資格がありました。徐々に多くの生徒労働部署が追加されました。それを見つけたり開拓したりするのは簡単ではありませんでした。生徒は、ＰＡの日に八授業時間（六時間）しか出席していませんでした。マイスターと企業内班はこれに基づいて計画を立てなければなりませんでした。ＦＡＪＡＳの組立ラインでは、病気の同僚や「社会的な使用」に出向した同僚の代わりを務める「シュプリンガー」［チェスのナイトのこと。移動時に他の駒を飛び越えられる唯一の駒である。］が常にいました。この人たちによって、生徒の予定された欠席を補う必要がありました。

〈解説〉

生徒の労働のための場所と機会の確保が簡単でないことはこれまでの叙述からもわかる。それに加え、生徒の時間割上どうしても生じる不足時間を穴埋めする計画も必要だったことが書かれている。生徒は時間割上六時間しか働かない。そこで八時間に足りない残りの二時間をカバーする人員を用意しておかないといけないのである。特に組立ラインの場合、切れ目のない人員補充が必要であった。

生徒の労働現場の質はさまざまでした。圧縮空気銃で板金壁の前に六時間立って、組立ハウジング部品から

【原書】43頁

その切りくずを取り除くなどの労働は確かに単調でした。しかし、より水準の高い労働現場もありました。例えば、ネスト生産［生産設備配置方法の一つ。グループ生産に近い。］と並んだ小さなラインで生徒はエンジンの組み立てに組み入れられました。また、S五〇、後のS五一の組立ラインにも生徒がいました［S五〇とS五一はバイクの型番号］。組立部門のマイスターであるルーディ・グラントゥケは、彼の最年少の「ライン従業員たち」とのつき合いでは特に思いやりがありました。

原書 43 頁：穿孔機を扱う女生徒（出典：ヘルムート・プライデル 所蔵）

一〇年生の生徒すべての労働現場の監督と評価のために、ハンス・ヴェンツェルというマイスター教師がいました。このマイスター教師は「世話係」として一〇年生全体を監督し、学年度内に労働部署が定期的に換わるローテーションプランを作成しました。

〈解説〉
工場の生産体制が学校の教育課程に優先する。そのため、学年の進度に合わせて労働の難易度が必ずしも上がるわけではなかった。そしてここに書かれてあるように生徒の労働の種類は様々であった。そこで、生徒生産労働の世話係は労働部署が定期的に入れ替わるように計画したということである。

これまで書いてきたように、生徒労働のための場所と機会の確保、および欠落する生徒の労働時間の穴埋めが行われる必要があったが、さらに、労働部署のローテーションも行われていたのである。生徒の生産労働の実施において、その現場では様々な調整が必要だったのである。

総合技術教育での「生徒の生産労働」について、かつて、日本の戦時中の「勤労動員」とどう異なるのか、という素朴な問題設定がなされたことがあった。両者の違いは、もはや一目瞭然となったのではないだろうか。「生徒の生産労働」は学校の教育課程として実施された、一方、「勤労動員」はそういうことでは全くなかったということだ。

この問題設定は訳者が卒業論文を書いた時（一九八三年）から解決を見ず、長らく訳者の心の中に残っていた。今、その問題設定を読み返すと、次のような内容だった。「教育研究者のなかには、『教育と生産的労働の結合』を好んで説くひとがあるが、戦時下の『勤労奉仕』『集団勤労作業』『勤労動員』は、いうところの『結合』であったのか、なかったのかを、具体的事実に即して明らかにするべきである。[45]」。（かの教育学の泰斗の一人である城丸章夫氏の文章だった。）ここには「具体的事実に即して明らかにするべきである」という条件が付けられている。この問題設定に対し、約四〇年を経て訳者は明瞭な解答を与えることができたと思う。

何か問題があれば、生徒たちもハンス・ヴェンツェルに頼ることができました。この男はまた、熟練労働者教師の「連絡先」でもありました。

彼は毎日、会社内のすべての「彼の」生徒労働部署をくまなく歩き回りました。ＦＡＪＡＳの生産での生徒労働の各部署まで一〇年生担当者が毎日通わなければならない距離も、会社内に留まっていたため、無理のない範囲に収まっていました。

住宅コンビナート（ＷＢＫ）では、ローラント・カイザーが長年一〇年生の応嘱責任者でしたが、状況は少

原書 44 頁：写真は、住宅生産における FAJAS の 10 年生の生徒労働部署を示しています。女生徒は鋳造ハウジングを機械でバリ取りしています。（出典：ヘルムート・プライデル 所蔵）

し異なっていました。

木材保管エリアアム・ゼーマー（世話係フリッツ・ヤーコプ）、コンクリート試験場アム・ゼーマー（ジークムンド・ホフマン）、中央倉庫ゼーマー（ホルスト・ドゥクヌス）、プロジェクト部門（クリスタ・ヴェール）に、総合技術の一〇年生の仕事場がありました。WBKは、ズールの他の会社（国営企業Ausbau und Werbung——同僚はヴァイス、すなわち「イヴァン」／国営企業Hebezeugwerk——同僚はウアバンクテとヘンネベルガー）とも協力しました。ズールーノルト住宅地の建設期間中、ほとんどの生徒がそこに組み入れられました。いくつかの組立ラインがあるこの巨大な建設現場には、多くの優れた運用上の可能性がありました。一日当たり三・六戸の完成率を誇るため、あらゆる人の手が毎日、必要だったのです。塗

【原書】45頁

装作業班のフロイファー、電気作業班のルートゥヴィヒ、左官作業班のクラオス、暖房作業班のアイッヒホルン、大工作業班のハイムは、毎日、生徒を受け入れ、課題の遂行に組み入れました。一九八二年、WBKの総合技術の責任者であるクラウス・エールハルトは次の文章を書き留めました。「私たちの生徒は、建設現場で一日四時間半働き、一・二五確定労働ノルマTAN時間（熟練労働者分での換算）の成果をもたらさなければなりません。」

〈解説〉

「TAN（technische begruendete Arbeitsnorm）時間」とは、技術的に設定した標準作業時間のことである。例えばある製品を製造するのに何時間かかるかという理論値が算定される。その時間のことである。ここの労働のケースでは熟練労働者が一・二五時間（七五分）しかかからないところを生徒では四・五時間（二七〇分）かかるということがわかる。つまり、両者には四倍近く（三・六倍）の差があるというのである。生徒の労働力を労働力そのものとしてどの程度期待したかは推して知るべしである。

ここで、生徒が企業にとって利益を上げているかどうかという疑問が生じます。ドキュメントが不足しているため（これはアーカイブの状況によるものです）、具体的な数字を扱うことはほとんど不可能です。ツェラー－メーリスのロボトロンRobotron社では、一人の生徒が企業に年間一九九六東ドイツマルクの負担をかけました。「企業の損失である！　一九九六東ドイツマルクは既述の換算式では約五〇万円である。」そういうわけで、総合技術で製造された製品によってもたらされる業績は、すでに相殺されていました。というのは、マイスター教師の人件費、

原書 45 頁左：[表紙写真に同じ]：女生徒は小型バイク用のサスペンションを組み立てています－ FAJAS の生産用の生徒労働部署。（出典：ヘルムート・プライデル 所蔵）

原書 45 頁右：電機子回転軸のチェックは、EGS の責任ある仕事でした。写真は二人の女生徒が働いているところです。（出典：アルント・ヴァイセンボーン 所蔵）

部屋代（光熱費、メンテナンス、掃除など）などの要素がありました。生徒の業績は、総合技術の全体的な資金調達には十分ではありませんでした。

〈解説〉

「生徒が企業にとって利益を上げているかどうか」というのはたいへん興味深いテーマである。訳者はここの行論の確認のため、著者に改めて問うた。「生徒の工場での活躍に関して、安価なまたは無賃金の労働者として生徒が使用されていた面は少しはありますか?」。この質問に対し、彼は改めて次のように否定している。「生徒の生産は全体の生産のほんの一部にすぎませんでした。シュヴァルベのハンドルバーと排気システムの一部は、事前に組み立てられています。生産の担当部分は生徒の休暇中も行わなければなりませんでした。見習いを配置するか、生産労働者を残業させて生徒の職場に配置する必要がありました。そして、生徒の生産部門には、生産に従事しないが、指示し、監視し、管理する『だけ』のマイスター教師がいたことを忘れてはなりません。また、組織的な性質上の商業的な『上部構造』（資材の調達、出荷）も存在しました。結局、教育的側面が優勢になりました!」。

ＷＢＫの話に戻ります。生徒が比較的短時間でどのようなスキルを習得したかは驚くべきものでした。部屋の壁紙貼りは上手に行うことが求められました。企業内清掃作業班では、生徒たちは将来のアパートの廊下を掃除するのが日課でした。しっくいをなめらかな鏝《こて》で壁にきれいに塗るのはそれほど簡単ではなく、手間もかかりました。当然のことながら、作業班のメンバーはのぞき見たり、助言を与えたり、改善を加えたりしました。企業内作業班長のペーター・クラオスはとにかく教育労働の「手ぎわ」がよく、一〇年生のＷＢＫ

【原書】46頁

原書 46 頁：住宅地区ズール - ノルトの建設の際、生徒たちも授業で投入されました。――多分この同僚たちも？――（出典：ズール市公文書館）

の責任者である上記のローラント・カイザーに日課の成績評価を公平に引き渡していました。彼はほぼ毎日ペーター・クラオスと会いました！　ローラント・カイザーとピーター・クラオスは当時の西ドイツのポップミュージック業界で偉大だったので、この組み合わせは実際には面白いです。もちろん、それはほとんどの生徒にも知られていました。［名前が偶然の一致！］カイザーは、ほとんどの生徒労働部署を毎日稼働させていました。大きなショルダーバッグが彼のトレードマークでした。四半期ごとに作業班の班長がすべての生徒の成績を彼に提供しました。業績 Leistung、品質 Qualität、時間厳守 Pünktlichkeit、および振る舞い Verhalten が評価されました。一定の重みづけ［いわば傾斜配点］の後、総合成績が付けられました。カイザーはしばしば学校の賓客でもあり、学校で学級担任や学校長またはその代理人［副校長や教頭］とコンタクトを取りました。ズール－ノルトの建設現場が閉鎖されると、一〇年生の仕事場所を見つけるのが難しくなり始めました。早くも一九八四年九月、当時ＷＢＫの企業内学校の校長代理を務めていたユルゲン・クレットは、全員参加の教育会議で傷口に指を突っ込みました。企業内新聞は彼を引用し、次のように書きました：「とりわけ生産に直接携わる生徒労働部署の拡張をすることで、総合技術授業における生徒の生産活動の質と有効性を高める必要があります。」しかし、必要は発明の母です。ラオテンベルクの新しい総合技術センターに仕事場を見つけることができました。そこでは土木工事を処理したり、芝生の縁取り石を設置したりする必要がありました。割り当ては隣接しているので第五ＰＯＳの生徒となるのが慣例でした。合理的で特に計画された割り当てが行われました。ラオテンベルクシューレ［第五ＰＯＳのこと］の変圧器室へのケーブルの溝も生徒によって掘削されました。この節を終えるにあたり、ズール－ノルトに配置された元生徒たちが、かつてズールで最大のプレハブ住宅地であった広い解体エリアを見たとき、今日どう思うことでしょうか。

教師、実地指導員、実践家

Lehrer,Ausbilder und Praktiker

〈解説〉

この節は原書でも一頁の短い節である。ＰＡに携わる総合技術スタッフであるPolytechnikerが、教師Lehrer、実地指導員Ausbilderおよび実践家Praktikerに分類されることを念頭においた節として理解することができる。すなわち、教師Lehrerとは総合技術教師（Polytechniklehrer = ESP-Lehrer = Fachlehrer für Polytechnik）のことである。実地指導員Ausbilderとはマイスター教師Lehrmeister、熟練労働者教師Lehrfacharbeiter、マイスターMesiter、熟練労働者Facharbeiterおよび技師Ingenieurのことである。このAusbilderは、同時に実践家Praktikerのことでもある。しかしこの節では、Lehrerのことしか書かれていない。総合技術スタッフの詳しい説明は〈訳者による解説だけの特別な節1〉で行っている。

統計は、一九八九年までの期間にズールの総合技術で雇用された教師を合計三八人と記録しました。彼らの学術的養成のほとんどは、エアフルト教育大学で行われました。何人かはハレ／ザーレの教育大学またはそこの総合大学［マルチン・ルター大学ハレ－ヴィッテンベルク］の出身でした。しかし、学術的に養成された総合技術教師には、工作科や学校組織の他の部分で働く者もいました。各教師はズールの学校に配属されましたが、職場はそれぞれの総合技術センターでした。

〈解説〉

前にも書いたように、ドレスラー氏の説明によると総合技術教師になる方法は、概要、次の通りである。総合技術教師になる方法は一つしかなかった。初めの頃は四年間、東ドイツの終わりの時期は五年間、大学で学修するということである。養成課程が未整備な最初の時期だけ、現場から教師になった者がいた。この場合も、大学に行く必要があった。

【原書】47頁

アビトゥアを持っていない者は、大学の一年間の予備課程に通い、その後、大学に入学した。

「総合技術の学士教師」は「やや異なる」教師と見なされていました。彼らは他の教科の組み合わせの教師と同じくらい、多くの学期、大学で学修しました。しかし、一九七〇年代半ばまで、ほとんどの「総合技術スタッフ」は、大学に入る前に別の職業を学んでいました。〔総合技術教師の養成制度が整わない間の時期。職業生活があった分、大学の期間が短かったということになる。〕すべての総合技術教師は、総合技術センターで働いていました。そのため、短期間の業務が割り当てられる場合、学校の経営陣の手の届かないところにありました。さらに、総合技術教師はクラス担任には決してなりませんでした。そのため時間の負担という点で有利でした。その結果、親の訪問や父母クラス委員会 Elternaktiv との面会はありませんでした。ピオニールの仕事もありませんでした。学校の長期休暇は、いわゆる「休暇活動 Ferienspielen」〔東ドイツ独自の長期休暇中のキャンプや研修活動。FDJリーダー、教師、ボランティアの労働者や学生が引率した。〕[46]にはめったに割り当てられませんでした。ほとんどが総合技術センターでの「労働力の投入」として勤めを果たしました。

原書 47 頁：組立作業中の PA の 9 年生（出典：ヘルムート・プライデル 所蔵）

それで、教室は塗装されるかまたは壁紙で飾られ、ＥＳＰ授業用に特別なキャビネットが設《しつら》えられたりしました。

不利な点は、生徒との個人的なつながりが比較的弱いことでした。彼らは総合技術授業のために後に毎週来るようになりましたが、当初は二週間に一回しか来ませんでした。［ＰＡが隔週から毎週に変わったということである。］

同僚の教師の何人かは、主に土曜日の休日があることで、総合技術教師を羨ましがっていました。総合技術の人はかつてそのような「羨望の見方」には特別な答えを用意していました。「そのための学位を選択することは、もちろん少しの知性の一部です。」と。

〈解説〉

ここでは、総合技術教師と他の教師の違いがわかり、また、現代の日本の教師にも通じる部分があり、興味深い。総合技術教師は総合技術センターに通勤する。そのため、学校にいればその時どきに出てくる業務の割り当てが回って来ない。また、クラス担任をしない。クラス担任をしないので、保護者との面談や保護者会やＰＴＡ活動の類いをすることがない。ピオニール活動もしない。だから、時間に追われることがなかった。さらに、学校は土曜日もあるが会社は週休二日制のため、総合技術教師は土曜日は休みであった。そこで、他の教師たちから羨ましがられたのだ。東ドイツでは、学校は一九八九年一二月に土曜休業が承認されるまでは週休一日制であった[47]。一方、会社は一九六七年から週休二日制となっている[48]。しかし、一つだけ寂しいことがあった。それは、生徒とのつながりが弱かったということである。同じ生徒には、一週間に一回しか会わないからである。こうした時間や休日についての感じ方は、日本の教師にも通じるところがある。

「古参」教師から
「新参者」教師まで
──3人の伝記

Vom Lehrer-"Urgestein"
bis zur Lehrer-"Novizin"
-drei Biografien

「古参 Urgestein」ということで、早い段階で教師として総合技術に入っていった総合技術教師を紹介します。しかし、「新参者 Novizin」とは？　ここでは、三人の総合技術教師が代表として紹介されていますが、その専門的な経歴は大きく異なります。

ローラント・シュレーゲルミルッヒ、彼は残念ながら既に亡くなっていますが、生粋のズール人でした。一九三三年に生まれ、八年生終了後、大工の職業を学びました。彼は子どもの頃に第二次世界大戦を体験し、辛い目に遭っていました。

彼は自由ドイツ青年同盟で積極的に活動し、子どもたちと一緒に働くことに興味を持っていました。したがって、彼が最初に第一ＰＯＳのピオニールリーダーとして採用されたことは当然でした。彼は低学年の教師としても第一ＰＯＳで働きました。それはフリーデン通りにありました。若い読者はびっくりするでしょう。もともとそこにあるのはギムナジウムだけの校舎ですから。東ドイツ時代には、ＥＯＳ「アルトゥール・ベッカー」がその旧上級実科学校の代表的な建物の中にずっとありました。新しい第一ＰＯＳの建物がアウエ通りに建設された六〇年代まで、第一ＰＯＳはＥＯＳの「転借人 Untermieter」でした。それで、読んで驚いてください。下の階全体と別館のいくつかの教室に第二の学校［すなわち第一ＰＯＳ］があったのです。当時の校長はヘルムート・ゾンマーでした。彼は後に、国民教育部門の県の評議会でキャリアを積みました。シュレーゲルミルッヒは、若手教師として学校政策の展開を注意深く見守りました。彼が自ら総合技術に参加したかっ

【原書】48頁

たのか、それとも誰かに声をかけられたのかは今日ではもはや定かではありませんが、彼はエアフルト教育学研究所で通信教育による勉学を始め、ズールの総合技術教師の第一世代の一人となりました。第七ＰＯＳ（リムバッハシューレ）は、彼を教師としてＦＡＪＡＳの総合技術センターに送りました。彼は主に八年生と九年生を教えました。彼の実践的な経歴から彼のことがわかるでしょう。彼はまた、例えば生徒との会社の遠足の準備に関して、マイスターたちと非常によくコミュニケーションをとることもできました。転換 Wende が総合技術の終わりをもたらしたとき、彼は学校に戻りました。彼は自身の教育学的キャリアを始めた場所である、第一ＰＯＳで教えました。残念ながら、彼は重病になり、引退する前に学校を辞めました。

ベッティナ・マールの「総合技術」に関する職業伝記は他とは異なっていました。ディーツハオゼンの人である彼女は、当時まだ行政単位として独立していた故郷の学校に八年生まで通いました。彼女はいくつかのことを書き留めました。それを以下に引用します。

「クラスメートと私は七年生を楽しみにしていました。私たちはもはや『小さな子どもたち』ではなく、学校の外で初めて授業を受けたからです。バスで、天気の良い日には自転車で、わたしたちはいつも先生なしで、自分たちでズールに行き、ＦＡＪＡＳに行きました。教師とマイスター教師はとてもかっこいいと私たちは思いましたが、それでも彼らは厳格でした。私は製図に魅了されました。私は、製図板を使用して、きれいで正確な図面を紙に描き、線種に注意をはらい、製図の他のすべての要綱に完全に準拠するのが好き

【原書】49頁

でした。私たちのＥＳＰ教師であるシャイトゥさんが、標準フォントとチョークを使用して、黒板に正確な製図を繰り返し『魔法をかけた』ことに私はとても感銘を受けました。彼のきれいな一目瞭然の板書の図に私たちは感動しました。私たちはこれまで学校でそれを違ったやり方で経験していました。製図科ＴＺが一〇年生まで継続することができればよかったです！　『とても良い』という評点が私の成績証明書に常にありました。［製図科は七年生と八年生の教科。九年生と一〇年生にはない。東ドイツでは「とても良い sehr gut」は五段階評価の最高評点である。］」

「ＥＳＰに関しては、状況が少し異なっていました。私は本当に多くの『丸暗記』をしなければならず、技術的な内容は必ずしも簡単ではありませんでした。それから私たちは、それぞれのテーマに準備された会社の遠足をいつも楽しみにしていました。『コーティング』の授業単元では、電気めっきの生産エリアを訪れ、塗装工場でのモーキック［スクーターの名前］の部品の浸漬とスプレーに驚嘆しました。私にとって、そして他のすべての生徒にとっても、隔週のＰＡの日はいつも特別な経験だったと思います（——金属加工で——やすりがけ、鋸挽き、またはドリルのみの七年生を除いて……）。八年生で私たちはハンドル組立の生徒部門で働きました。私たちには独自の組立ラインがあり、そこで『シュヴァルベ』のハンドルを組み立てました。メーラーさんは作業手順をうまく説明することができ、いつもクールなことわざを用意していました。女の子も含め、みんなとても楽しかったです。九年生ではかなり異なります。そこでは私たち女の子だけはエアライフルの梱包に行き、それをマイスター教師のセディッヒさんに渡すようになっていただけでした。この仕事は私たちにとってまさにしょうのないものでした。［工場内労働が学校の教育課程のように配列されていない問題。］残念ながら、フライス盤やボール盤の『機械室』でも手を汚さなければなりませんでした。仕事では、一〇分の一ミリメートルの違いに注意を払わなければなりませんでした！　しかし、どういうわけか、これらの活動も私をそそりました。九年生のＥＳＰの教育内容は、私たち女子にとって恐ろしいものでした！　車軸、シャフト、ベアリング、クラッチ、トルク計算など、すべてがこの年齢の女性がおそらく必要としないものでしたので。」

〈解説〉

ベッティナ・マールさんの体験を整理し、総合技術授業の実相に迫ってみよう。

まず、総合技術授業がある日は楽しみな一日になりえたということ。学校を離れての授業、引率者なしで、自分たちで家からバスや自転車で会社に通ったことも、心踊らせた。総合技術教師やマイスター教師はふだんの学校の教師とは異なるからか、カッコイイと感じた。しかし彼らは厳格だった。

製図科ＴＺは女子に人気のあった教科だとされる。このことは原書54頁からの「少女たちには特別な教科」という節でも書かれている。きれいさ、正確さ、さまざまな線種が女子生徒を魅了した。几帳面さと一定の作業ペースが求められた。それも女子たちにマッチしたのだろうか。ＴＺは八年生までだが、一〇年生まであればよいと願うほど、人気のある教科だった。

一方、社会主義生産入門ＥＳＰは少し違ったようだ。暗記事項が多い教科だった。九年生のＥＳＰでは、車軸、シャフト、ベアリング、クラッチ、トルク計算などが出てきた。この年齢の女子には無縁のものばかりだったので、恐怖にさえ感じる時間だったという生徒もあった。しかし工場見学は、遠足のようで楽しかったようだ。見学先で見た製品の大がかりな塗装作業に生徒は驚いたりした。

生産労働ＰＡでは七年生は、金属加工でやすりがけや鋸挽きまたはドリルなど、単調な仕事が多い。機械相手に手が汚れるのを苦手にした生徒もいた。しかし一〇分の一ミリメートル単位の精密さが求められる仕事に魅力を感じる生徒もあった。

八年生から実際の生産現場に入った。ラインでの組立は苦痛ではなかった。むしろ楽しく感じた。国民的な人気車両（バイク）の組み立てだったからだろう。しかし九年生では、製品の梱包だったりした。それはかなり退屈な仕事であった。仕事内容が前の学年から程度が高くなっているわけではなかったからである。工場内の労働メニューを学校の教育課程のように配列することができないことの問題がここでも露呈している。


「一九七五年にアビトゥアを「ポケットの中に」入れた後、「何を勉強するか？」という大きな問題が出てきました。

当時、総合技術のための教師が求められていたので、その問題は私にとって簡単になりました。私は考えるために一週間を求めました。突然、ＦＡＪＡＳの総合技術センターで経験することを許された、すべての良いこと、体験、そして経験が私の中に浮かびました。それとともに私の決断は下されました。

それで、一九七五年から一九七九年まで、私はハレの「Ｎ.Ｋ.クルプスカヤ」教育大学で学業を終え、「総合技術の学士教師」になりました。学業はとても広範で、面白かったです――つまり、ＯＫでした。ハレ・アメンドルフの総合技術センター（ＶＥＢワゴンバウ）で行った最初の学校インターン〔教育実習〕で、私は勉強してきたことが正しいんだなと思いました。私は生徒たちととても仲良くなり、七年生から九年生までの内容を教えることについて、方法においても内容においても問題はありませんでした。

一九七九年九月一日、私の「教師生活」が始まりました。同じ場所で〔ＦＡＪＡＳの総合技術センターで〕、

【原書】50頁

自分がＥＳＰとＴＺの授業を体験した同じ建物で、私は教師として最初の授業を行いました。私のかつての教師は今では私の仕事仲間になっています。比類のない素晴らしい気分でした！　それなのに、生徒から教師になるということについてうまく書くことは不可能です。私はすべての同僚から信じられないほど良いサポートを受け、ごく短い期間で四つの学年［七年生から一〇年生］すべてを教えていました。一部の女子が技術的な学習内容を理解するのがいかに難しいかを思い出すことができたので、私は実際に説明するときにいつも辛抱づよくしていました。ＥＳＰの良い点は、常に最新のテクノロジーを使用する必要があるということです。この目的のために私たちは多くの特殊な継続教育を受けました。例えば、コンピュータ技術の導入について覚えています。」

ベッティナ・マールは、二〇一二年にヘッセンに移るまでラオテンベルク学校で教え、そこでカウンセリング教師も務めました。現在、彼女はヘッセンの小学校の教師 Erzieherin として働いています。ローラント・シュレーゲルミルッヒは四半世紀以上、総合技術教師として教えていましたが、ベッティナ・マールはちょうど一〇年でしかありませんでした。

ペトラ・ニーファーガルの場合、状況は大きく異なりました。彼女は必ず先生になりたい、そしてできるだけ早くと思っていました。

原書 50 頁：ESP の授業に集中して参加している８年生の生徒たち。（出典：ヘルムート・プライデル 所蔵）

それで彼女は、一九八四年に一〇年生を卒業した後、エアフルト教育大学の一年間の予備コースを志願しました。これにより、数学／物理学の予備コースの分野でのその後の五年間の教育コースが可能になるのです。しかし、入学試験の過程で、彼女は教科を工作／総合技術に切り替えました。このことは広範囲にわたる結果をもたらしました。一つには、彼女の現在の夫が同じ教科の一年次にいました。しかしもう一つは、学業の修了は、一九九〇年の初夏でした。しかしその時、総合技術センターはあいにく解散していました。［職場がなくなった。］彼女の夫は、長期間の学校インターンの間、実習指導者を突然、失いました。なぜなら、その人がすぐに「西に」行ったからです。ラルフ・ニーファーガルは、成り立てほやほやの総合技術学士教師として彼自身の結論を導き出しました。そして、銀行家としての見習いを修了し、現在、有名な金融機関で成功を収めています。

ペトラ・ニーファーガルの場合、状況が少し異なりました。学校のインターン中に、エアフルト教育大学の大学院博士課程が彼女を待ち望んでいるということを知りました。彼女は博士論文のテーマにも精通していました。それは、大まかに言えば、「才能のある生徒の政治的および道徳的態度」についてでした。それは一九九〇年のことでしたが、当然のことながら当時のことを振り返るともはや耐えられません。そのせいで「博士課程指導教授」を二度失いました。一度目は教授が解任され、二度目は旧連邦国〔西ドイツ〕の大学に転勤したことによるものです。彼女の博士論文のテーマも、時代に合わせ何度か見直され、最終的に「さまざまに分岐した教育における若者の人生の見通しに関する調査」になりました。

〈解説〉

ペトラ・ニーファーガルの「博士課程指導教授」をめぐる事情について、ドレスラー氏に次のように補足していただいた。一度目の教授は、「赤」（共産主義者）であったたか、そのように格付けされたかで、理屈抜きに解雇された。二度目の教授は旧西ドイツに行った。彼がそこで何をしていたのかわからない。いかなる状況においても、彼はそこで教授になれなかった。彼は別の分野で働いていたかもしれない。知る限り、希有なケースだが、西で「小さな」もの〔助手など〕から始まり、数年後に再任された者もあった。しかし、それは主に技術的および科学的分野に限られた。逆の場合は多くあった。西の人々が東で「小さく」始まり、すぐに昇進した。

【原書】51頁

しかし、博士論文を書くための前提条件はイエナで心理学の勉強を始めることだったでしょう。しかし、家族の事情によりそれは実現できませんでした。それで、今日でも（残念ながら！）九年生と一〇年生の生徒と職業準備の年齢の生徒が記入した、四〇〇枚以上の質問票は、エアラウの一軒家の屋根裏部屋で眠ったままになっています。彼女のキャリアパスには、［教育実習中の］一九八九年一一月一〇日［ベルリンの壁が開いた日］にほとんど空になった教室の経験も含まれていました。なぜならその日、子どもたちは両親と一緒に開かれた国境を自動車で越えてみたからです。特別にスピードを上げて。［重苦しい話題の中での著者のユーモア！］

一九九〇年から彼女はシュロイジンゲン リハビリセンターで働き、同時に「追加研究 教育者／学位ソーシャルワーカー」の資格を取得しました。それによって一九九三年に学校の仕事に再び入ることになりました。また、仕事と並行し、エアフルトに通い、補足研究「正規学校のスポーツ」を行い、経済／技術の教科の資格獲得もしました。後味の悪さ：学校の仕事での安定した位置は得られませんでした。

そのため彼女は、一九九五年に南チューリンゲン手工業会議所の教育センターであるBTZ Rohr-Klosterに移りました。彼女はその仕事を楽しみ、それが認められました。しかし二〇〇三年には、マイニンゲンにある州の職業訓練センターに移り、学校の常勤職に就く機会を得ました。彼女が一〇年以上働いていた分野が学校ネットワークの変更により、つい先ごろマイニンゲンから州都［エアフルト］に移転したにもかかわらずです。彼女はそれを受け入れ、今でも満足しています。そして、彼女はもう一度「再学習」するにちがいありません。

ペトラとラルフ・ニーファーガルは、エアフルト教育大学での一九八九年（!）春のブランドゥ教授の講義でのことをよく思い出します。彼は学生たちが転換を経験し、総合技術は技術科という教科になるだろう、なぜならそれは世界的に増加傾向にあるからと語りました。大講堂は静まりかえりました。「政治的な良心テスト」［政府への忠誠心を試す引っかけのことか］と思う人もいました。しかし、雄弁で専門に非常に精通したブランドゥは「西の」出版社であるヨーロッパ－レールミッテル Europa-Lehrmittel［ノルトライン＝ヴェストファーレン州ヴッパータール発祥の出版社］での仕事を通し、自分が話していることについてすでにわかっていました。読者はこの節でニーファーガルたちがこの講義のことを覚えている理由を実感をもって理解することができるでしょう。彼らは二人とも実際に自身の職業生活でまさに転換を実行しなければなりませんでした。それにより二人は新しい連邦国家の何百万人もの人々とつながりました。

教育システムへの
組み込みについて

Integriert ins Bildungssystem

総合技術は東ドイツの統一的な学校制度にどのように組み込まれていたのでしょうか？　総合技術センターの主任教師は、企業の総合技術部局担当者の「拡張アーム」でした。また彼は、国民教育部門の学校評議会の下に置かれ、総合技術に責任を負いました。三つのズールの施設の三人の主任教師は、それぞれの総合技術センターで専門的なタスクを実行する必要がある限り、その［学校評議会の］下にいました。専門的指導のすべての能力にもかかわらず、主任教師は彼の教科教師に関して監督者ではありませんでした。総合技術の教科教師の監督者は、それぞれの校長でした。主任教師と校長は通常、問題があったときに集まりました。課された仕事の一つは、例えば、総合技術時間中の生徒の遠足の調整でした。［遠足では他の一般の教科の時間を使うことになる。］

すべての総合技術センターで、ＥＳＰ授業の一環として生徒による遠足が行われました。これにはさまざまな理由がありました。ＦＡＪＡＳの七年生の生徒は、塗装工場と電気めっきでＥＳＰの教材領域の「コーティング［塗装］」の実際の例を見ました。七年生でも砂型鋳造が扱われました。ズールには実際に国営企業Wohnkulturの一部があり、そこでは小さな部品の鋳造をとても鮮やかに取り繕う［コーティングする］ことができました。当時の教科相談員のアルフレット・ミュラーは、遠足許可を得るために事前に会社支配人に手紙を書いていました。しかし、それはうまくいきませんでした。拒絶されました。そこで彼は、マイスターへの「小さな公式ルート」［わいろ］をしました。リクエストに合わせて引き渡された強いお酒の小瓶が問題を即座に解決しました。それで少なくない数のクラスが、鋳造所を通り、ズールのシュラオウフガーデンに行きました。今日、この生産施設の残骸だけがあります。また、その日は生徒たちは一張羅の服を着てこないように言われ

【原書】52頁

たということもよく証言に出てきます。

FAJASの教師は九年生の生徒と「ヘーネル Haenel に」行きました［ヘーネルはライフル銃の名前］。正確に言うと、車両・狩猟用武器工場「エルンスト・テールマン」、すなわち工場Ⅱに行きました。そこで彼らは遠足の一部として武器の生産を見ました。遠足はパイプ図面から始まり、機械室、そして銃床製作者へと続き、彫刻師で終わりました。この教育訪問のための動機は授業からは得られませんでした。そこで教師は訪問の意義を生徒に次のように説明しました。「将来、あなたが学業中であれ、軍隊であれ、休暇中であれ、あなたがズールから来たと言うなら、相手はこう言うでしょう：『そう、ズールからなんだ。そこでは武器が作られているよね？』そうすれば、『はい』と言うだけでなく、そのような兵器の製造を自分で一度見たことがあるということを言葉で表現することもできます。」

もちろん、主任教師にとっての「日常業務」には、授業に関わること以外の多くの仕事がありました。それぞれのセンターの改修工事が問題となったとき、会社に「押しつける」という、決して簡単ではない仕事も、そのような仕事でした。主任教師が彼の「管理業務」のために短縮時間を与えられていたことを知っておくことは重要です。学校の普通の教師は週に二四時間から二六時間の授業を教えていました。総合技術センターの主任教師は一二時間の授業しか担当しませんでした。通常の教師の給料に少額の手当も付きました。主任教師が彼らの仕事をとてもうまく遂行していたということは、このポジションを埋める人間が比較的一定しているということに示されています。カール－ハインツ・リッツマンの後、ディーター・ゲーベルが一九九〇年まで

【原書】53頁

原書53頁：かつての工業地帯であるズール - ノルト、現在はツェラ - メーリスのEGSコンビナートの様子。正面の建物には生徒の労働部署もありました。（出典：ズール市公文書館、撮影：ロルフ・コルンマン）

FAJASの主任教師でした。

エックハルト・クナッペは、一九八〇年に教科相談員に任命されるまで、EGSの主任教師でした。その後に続いたのは前の教科相談員であるアルフレット・ミュラーで、ちょうど一学年でした。つまり、人事上のキャスリング「チェスで二つの駒を同時に動かすこと」がありました。ミュラーの引退後、アーント・ヴァイセンボーンが主任教師に就任しました。彼も一九九〇年までこの地位にとどまりました。

WBKでは、ギュンター・シントヘルムは一九七〇年から一九八一年に健康上の理由で退職するまで主任教師でした。彼の後には、以前FAJASで働いていたグンター・ドレスラー「原書の著者」が続きました。ドレスラーが一九八八年に学校の仕事を引退すると、一九九〇年までギュンター・グロスマンが続きました。正確に計算すると、わずか八人の数の主任教師しかいませんでした。それは約二五年という期間では少ない数です。東ドイツの学校組織の他の分野ではもっと多くの人員の入れ替わりがありました。

教科相談員を務めた教員の数はさらに少数でした。総合技術センターの時代には、基本的に二人しかいませんでした。アルフレット・ミュラーとエックハルト・クナッペです。

〈解説〉

ここに出てくる総合技術センターの主任教師と教科相談員については〈訳者による特別な節1〉で説明をしている。若干の重複があるが、ここでの叙述を整理しておきたい。

主任教師は総合技術センター長の位置にあるが、企業の総合技術部局担当者と学校評議会の指揮の下にあった。普通の教師は週二四時間から二六時間の授業をするが、主任教師は一二時間の授業だった。ドレスラー氏は五〇％軽減と訳者に補足している。その上、手当が付いた。そのため主任教師のポジションは人気があり、交代することが少なかった。

一方、教科相談員は、教科教師の指導助言がその役割である。各郡に各教科の教科相談員がおり、「郡教育相談センター」の管理下にあった。ドレスラー氏によると授業担当時間は普通の教師に対して八〇％も軽減されていたとのことであった。そのため主任教師以上に人気のポジションだった。（ただし、原書18頁に出てきたナミスロー氏の場合、軽減率は約四〇％という計算になる。時代の差だろうか。理由は不明である。）またドレスラー氏によると教科相談員は主任教師の格上だが、主任教師を経験しないと教科相談員になれないという順序はなかったそうである。

少女たちには特別な教科

Ein Fach (nur) für Mädchen

総合技術授業の教科構成では、七年生と八年生で製図科〔TZ〕は週に一時間ありました。PA〔生産労働科〕が隔週で四時間の授業が行われたため、他の週に二時間〔連続〕のESP〔社会主義生産入門科〕と二時間〔連続〕の製図がありました。振り返ってみると、製図の授業は特に女子に人気がありました。何が教えられたのでしょうか?

七年生では、プリズムや円筒形の対象を様々な方法で描いた図面を読みとったり製図したりすること、および、対象を拡大したり縮小したりして製図することが扱われました。八年生では、断面図と、ねじとねじ接続の描画、および単純な全体図の読み取りに重点が置かれました。

持参する教材のひとつには木製の製図板がありました。それには多くのバリエーションがありました。DIN A4サイズの製図板を持って来た生徒もいれば、兄弟や親がややかさばるバリエーションを持っていたために、かなり大きな製図板を持って来た生徒もいました。〔DIN (Deutschen Instituts für Normung) はドイツ工業規格のこと。東ドイツには独自の工業規格TGLがあったが、DIN A4という言い方は東ドイツでも一般に使われていた。〕製図シートは画鋲で製図板に固定されました。それでしばらくすると製図板は穴の開いたスイスチーズに見えるようになりました。ました。粘着テープで固定したほうがよかったでしょう。それは東ドイツではプレナバンドと呼ばれ、製造会社「モリッソ・プレッシャー・ナッハホルガーKG」製でした。今日ではセロハンテープを使用します。

前世紀の七〇年代、総合技術授業のために特別に開発された「描画装置」が授業で使用され始めました。こ

【原書】54頁

の価格は二〇マルク弱で、ガイドレールに定規が取り付けられたハードベースで構成されていました。［既述の日本人の生活感覚に沿った換算方法では一マルク≒二五〇円だったので、二〇マルクは約五〇〇〇円である。］シートは左端で固定されました。二つの製図用の三角定規で基本的な作業が完了しました。［一九七〇年代に登場した「描画装置」は木製の製図板を駆逐したということである。］

親が描画装置の購入金額を支払う余裕がなかった場合、または生徒が装置を忘れた場合、生徒は描画装置を借りて使いました。製図での最初の数時間は、図面シートの作成に費やされました。製図板の上で表題欄のあるフレームが描かれました。作業道具は、鉛筆（ハードおよびミディアムハード）、鉛筆削り、およびソフト面とハード面の消しゴムでした。

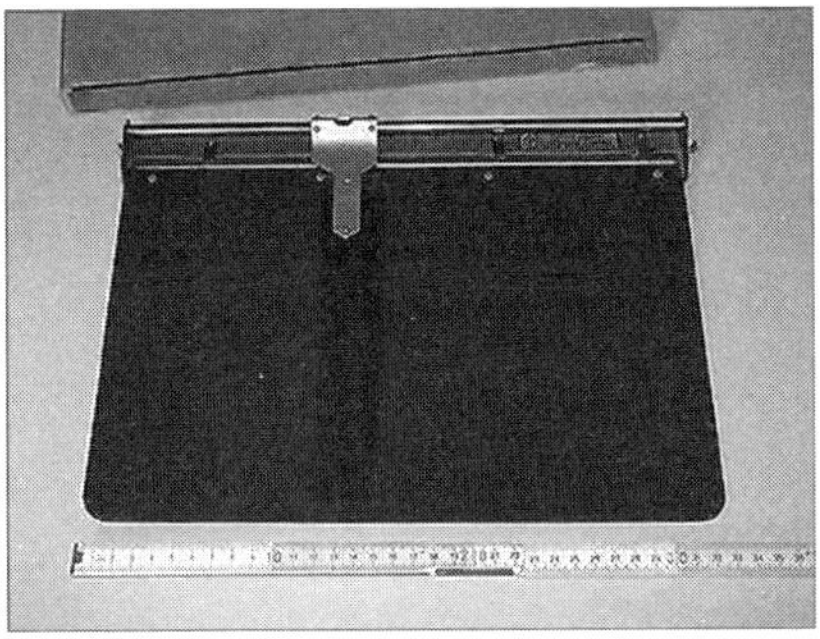
原書 54 頁：これが生徒用描画装置でした。上には段ボール製の保護カバーが見えます。（出典：グンター・ドレスラー所蔵）

しばらく後になって、事前に印刷された図面シート（書き込みスペース付き）が許可されました。しかしその場合でも二つの可能性がありました。薄い紙は消しにくかったです。やや厚めの画用紙にはこの欠陥はありませんでしたが、はるかに高価でした。クラスの生徒の半分が一方の紙を使用し、残りの半分がもう一方の紙を使用することは常に起こりました。もちろん、教師は成績をつける際はそのことを考慮に入れなければなりませんでした。

【原書】55頁

原書 56 頁左：これが 7 年生と 8 年生の製図科の教科書の表紙でした。（出典：ヒンデランク・ザールフェルト 所蔵）

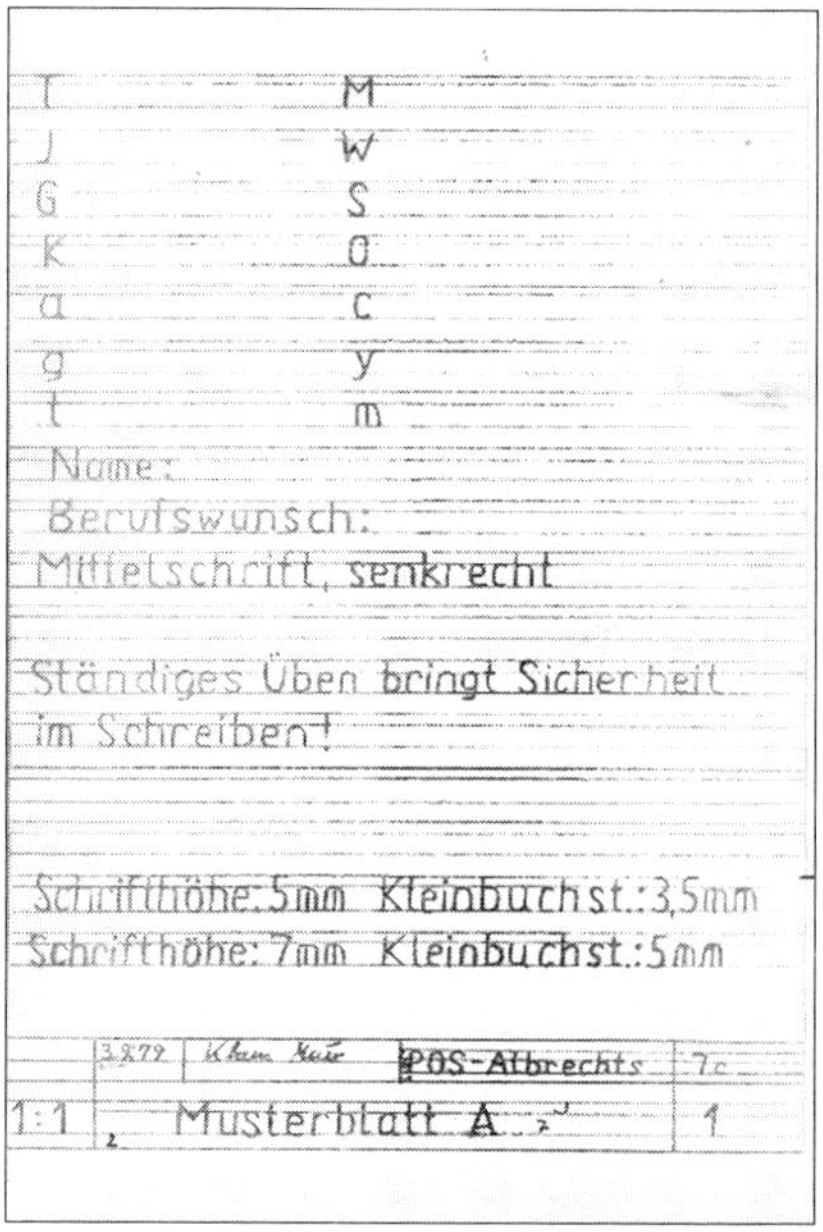

原書 55 頁：1980 年代の初め、製図の授業では、TGL 0-16 に準拠した斜体字から垂直の中央書きに変更されました。（出典：エバーハルト・ヴァイス 所蔵）

それで最初の何時間かは、標準字体がサンプルシートで練習されました（ＴＧＬ○－一六に準拠したイタリック体）。この○は、これが実際には古いＤＩＮ規格であるということを示していました。

さて、製図が始まりました。教師が例えば黒板に模範の製図をし、生徒はその板書の図を自分の製図に描き写さなければなりませんでした。二時間連続の時間終了後、作業結果を提出する必要がありました。几帳面さと一定の作業ペースが必要でした。次回の時間では、評価と一緒に図面が生徒に返却されました。しかし時には、自宅で「安心して」製図を描くこともできました。教師には、製図の本当の作者を認識するのが難しい場合がありました。もちろん、兄姉が貢献した可能性もあります。しかし、見本を描いてそれを模写するだけが唯一の方法ではありませんでした。時々、簡単な木製の模型が配られ、生徒たちはこの模型を六つの異なる視点から描く必要がありました。あるいは、ＰＡで作成された成形プレートがこの製図の授業に持ち込まれ、さまざまな方法で使用されました。要求は徐々に高まりました。図面の寸法を記入することは学ぶべきそのような新しいスキルのひとつでした。寸法矢印の描画はさほど簡単なものではありませんでした。断面図（全断面と半断面）を描くにはかなりの空間的想像力が必要であるということがわかるなら、生徒が苦労しなければならなかった困難を推測することができるでしょう。

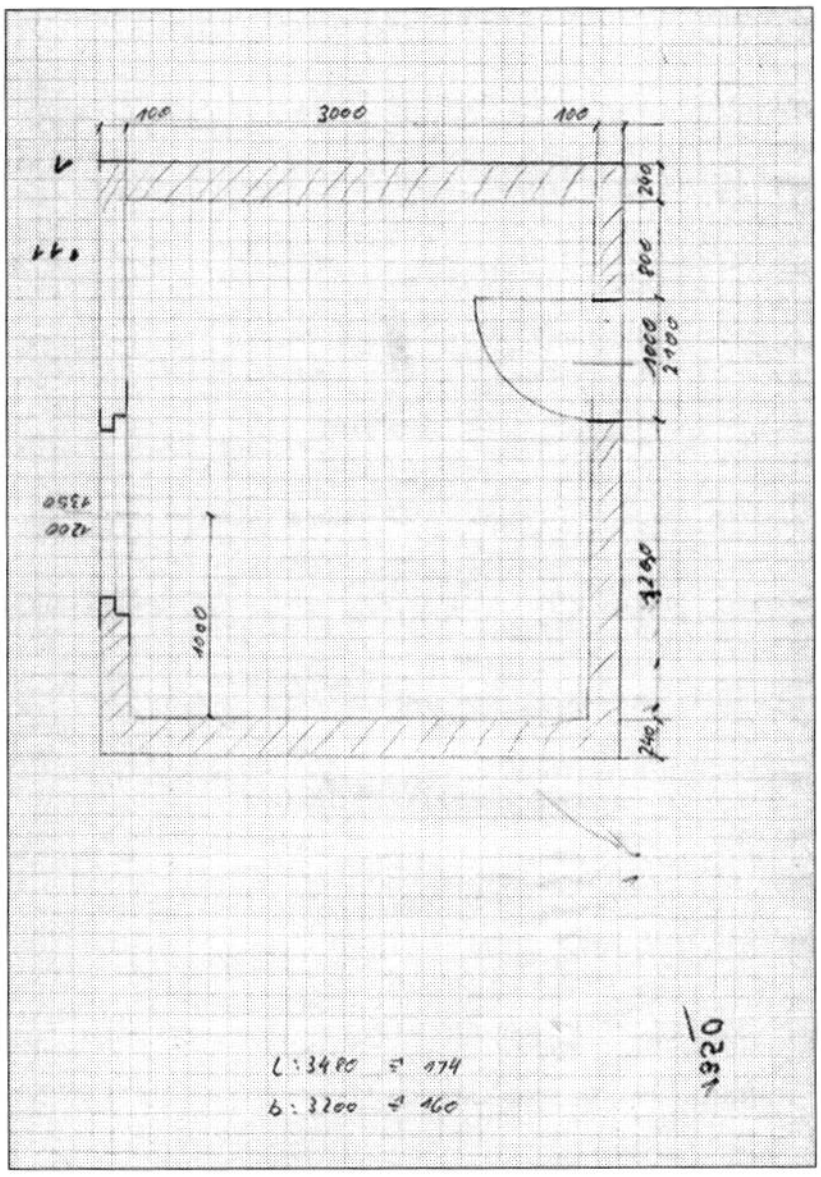

原書 56 頁右：生徒たちは、方眼紙にキッチンの間取り図を描く必要がありました。（出典：エバーハルト・ヴァイス 所蔵）

前の学年までの工作科で製図の要素が同じような役割をしていたので、準備が全くできていないという生徒はほとんどいませんでした。九年生と一〇年生でも製図の要素は他の教科の主題分野に関連して扱われたり、必要とされたりしました。［教科としての「製図」は七年生と八年生にしかない。しかし、製図は六年生までの工作科で扱われたし、九年生と一〇年生でも他の教科の中で扱われ、必要とされた。］八〇年

【原書】56頁

代の初めに、ＴＺのレアプランに変更がありました。

これに先立ち、以下の考慮事項がありました。「身近な生活」と「日常生活」を考慮しなければなりませんでした。当時のレアプラン作成者がそうであったように、後の人生で製図をしなければならない生徒はほとんどいないでしょう。しかし、彼ら全員は消費者として、例えば、家電製品の使用説明書にある図面を読むことができなければなりません。職人への注文でさえ、製図ではなく自分で書いたスケッチで終わってしまいます。このため、製図を描いたり読み取ったりすることにはより多くの時間が教室で与えられました。「建築図面」がレアプランに取り入れられたことも新しいことでした。

〈解説〉

この行論は興味深い。「後の人生で製図をしなければならない生徒はほとんどいない」。しかし、「彼ら全員は消費者として、家電製品の使用説明書の図面を読むことができなければならない」。なるほどそうである。このため、製図を読み取ることに多くの時間が当てられ、建築図面がカリキュラムに取り入れられたという。一九八〇年代初頭におきた教育と実生活との結合の動き、そしてカリキュラム編成で「身近な生活」と「日常生活」を考慮するという動きの具体例がそこには示されている。

小さなことですが、言及する価値があります。ＴＧＬ〇一一六による斜体字は、ＴＧＬ三一〇三四による垂直の中央書きに道をゆずりました。［両者は文字の書体が微妙に異なる。］これは、到来が予想されていた「コンピューターフォント」への初期の「お辞儀」でした。［旧フォントは斜体字でお辞儀をしているように見える。］もちろん、もしコンピュータ使用ということがなければそのような授業はおそらく行われなかったでしょう。さて、歴史

【原書】57頁

原書 57 頁：製図科の授業。（出典：エディス・ヒッパー 所蔵）

に戻りましょう。新しいレアプランによって新たに構成された教科書も出てきました。それは厚手の紙のカバーがなくなり、前面と背面に柔軟性がありました。生徒用バッグの重量が減り、生徒にとって重要なメリットでした。新しいレアプランと新しい教科書へのズールの人間の関与を説明したいと思います。ホルスト・クンマー博士は、レアプランの著者集団のリーダーであり、エアフルト教育大学の総合技術部門で講師を務めました。彼はズールの生まれでした。彼は「ショル学校」で職業学校の教師として彼の職業生活をさい先よくスタートしました。それゆえ彼は、ズールの教師のための準備セミナーのために彼の古い故郷に来るのが好きでした。ズールの教師集団の内、エアフルト教育大学の元卒業生たちはすでに新しいレアプランの準備ができていました。それだけ、彼が教員養成で製図科の新しい方法に非常に長年、打ち込んできたからです。

冒頭で説明したように女の子は男の子よりも製図が得意でしたが、例外については何も述べていません。男の子の間にも真の大家がもちろんいて、それはすべてのクラスにいました。そのうちの一人は、現在、建設業者であるディーツハオゼンのフォルカー・ゼーリッヒでした。彼はディーツハオゼン・スイミング温泉推進協会の会長として多くの人によく知られています。

今日、コンピュータなしではゼーリッヒはなるほど何もできません。しかし彼が生徒だった頃、授業ではそんなことは誰も考えていませんでした。コンピュータはその後にやって来ました。

コンピュータが来た

Die Computer kommen

「情報学および情報処理技術ならびに数学、自然科学および総合技術分野における才能促進のための県の開発構想の課題実施のための構想の提出」――一九八六年九月の日付でした――今日読むには非常に嵩張り、面倒です――一九八六／八七学年度の国民教育部門の作業計画です。作成の責任者は郡教育相談センター Kreiskabinett の局長、グントラム・ケンパ博士、および総合技術の顧問、カール＝ハインツ・リッツマンでした。二人の学校関係者が書き留めたものを人々はもう読むことができません。しかし確かなことは、一九八七年一〇月一日に、最初のコンピュータキャビネットがズール市の総合技術センターに開設されたということです。

キャビネットは、ツェラ＝メーリスのタール通りのズール EGS コンビナートの会社の一角にありました。企業内新聞「コメット〔彗星〕」がこのイベントに写真を捧げました。もちろん、総合技術教師もそれに応じて訓練されました。そのうちの一人は、当時、EGS の総合技術センターで働いていたマンフレート・ハート博士でした。

FAJAS コンビナートは、少なくとも二年遅れて一九八九／九〇学年度に追随しました。ドレスデン・コンビナート・ロボトロンの小型コンピュータ KC 八七は、東ドイツ全体の需要を十分に満たす数を製造することができていませんでした。したがって、遅れたのは FAJAS 会社の財源によるものではありませんでした。コンピュータが「入荷途中」にあったときでも、部屋を作る必要がありました。

【原書】58頁

Computerkabinett in polytechnischer Einrichtung

Am 1. Oktober 1987 wurde ein Computerkabinett der Abteilung Polytechnik im EGS in Zella-Mehlis seiner Bestimmung übergeben. Es ist das erste Computerkabinett des Stadtkreises Suhl in einer polyechnischen Einrichtung. Mit Unterstützung des Kombinates erfolgte die Bereitstellung der Computer und technischen Ausrüstung. Unser Bild entstand zur Übergabe.

原書 58 頁：EGS の会社の新聞は、総合技術施設で最初のコンピュータキャビネットが開設されたことを報じています。写真の新聞記事：「総合技術施設のコンピュータキャビネット」1987 年 10 月 1 日、ツェラーメーリスの EGS に総合技術部門のコンピュータキャビネットが開設されることになりました。これは、総合技術施設ではズール都市郡で最初のコンピュータキャビネットです。コンビナートのサポートにより、コンピュータと技術機器が利用可能になりました。写真は引き渡しの様子を撮影したものです。（出典：企業内新聞「Komet［彗星］」1/1988）

マイニンガー通りにある［FAJASの］会社の学校では、もともとすべての部屋が使われていました。しかし、あるアイデアがありました。建設部門は、門の通路の左側の階段の後ろにある一階の廊下を改修して部屋を作りました。電気部門が必要な設置作業を行い、PCキャビネットが現実のものとなりました。それで少なくとも二〇人の生徒のそれぞれの目の前にコンピュータ（KC八七）がありました。今日では当然ですが、教師は教師の机にある自分のコンピュータからすべてのコンピュータにアクセスできました。

購入価格と記憶容量に関心がないというわけではありません。一六KバイトのRAMと一四KバイトのROMを搭載したPCに、約二〇〇〇マルクをかける必要があります［既述の一マルク＝二五〇円という値を用いれば約五〇万円というところである。］。二〇台のコンピュータと教師のPC、および電気工事と建設工事で、六万マルクをはるかに超えました。［約一五〇〇万円。］「転換の時期」［ベルリンの壁崩壊と東西ドイツの統一の時期］の直前

【原書】59頁

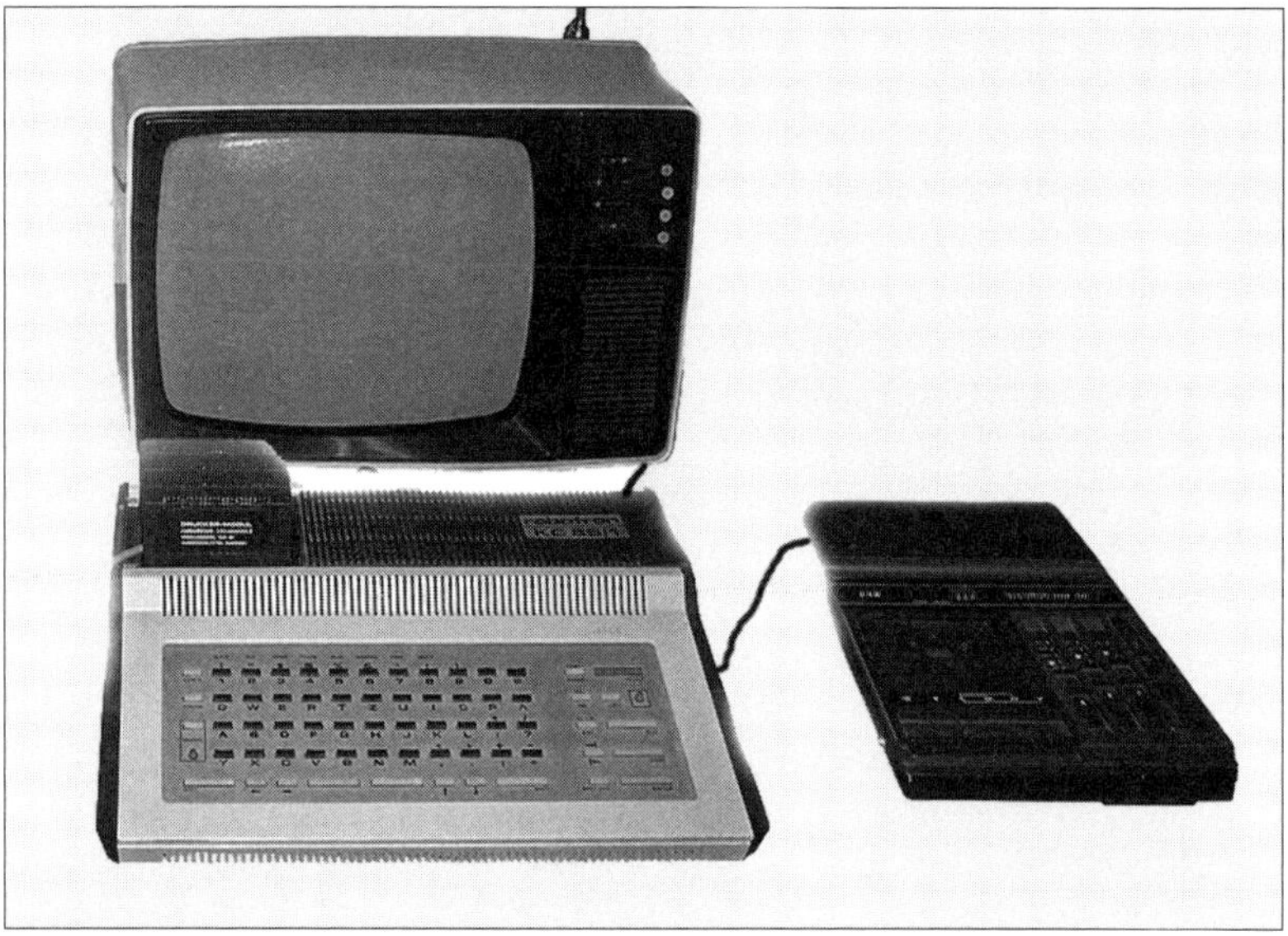

原書 59 頁：今日のラップトップと比較すると、このコンピュータはかなり時代遅れのようです。当時は素晴らしかったし、……すぐには入手しがたい品でした。（出典：グンター・ドレスラー所蔵）

にやってのけられたことが印象的でした。このようにして、ＫＣ八七は他の場所ですでに設置されていた一〇年生の生徒実験装置と組み合わせることができました。

しかし、このキャビネットの寿命は長くはありませんでした。総合技術の挫折に伴い、コンピュータはＥＯＳに移されました。［一九九〇年秋に総合技術授業が終焉。しかし一九九一／九二学年度からの新学校制度開始までＥＯＳは残存していた。］その二人の数学教師、ウルズラ・ローゼンベルガーとカール－ハインツ・ハイムは、テクノロジーに目を向けていました。新しい学校管理庁長のエーベルハルト・シュナイダーとの会話があり、「クーデター」は完璧でした。ＥＯＳでのなんらかの準備の後、とりわけさまざまな設置作業の後、コンピュータは今や「かつての」総合技術センターからフリーデンス通りの校舎に運ばれました。新しいコンピュータ室は化学室の上の別館にありました。このようにして、総合技術の「穀《もみ》種《だね》」としてのコンピュータルームが新しいギムナジウムに登場しました！「総合技術としてはわずか三年間弱の稼働であったが、その後、その分野で活躍する人材を育てたということである。」教えた教師の中には、現在のフリードリッヒ・ケーニッヒギムナジウムの校長であるアンドレアス・ベルヴォルフ博士がいました。彼はベーシックプログラミング言語を正確に覚えています。ディーター・ライーもギムナジウムに移りました。彼は、一九九〇年つまり「ギリギリの瀬戸際の人」として、エアフルトのコンピュータコースに参加しました。総合技術人のライーにとって、それは幾分かは、ギムナジウムでの彼のその後の長年の教師の仕事の「チケット」となりました。そこでは彼はひき続き学びつづける必要がありました。それは、コンピュータ技術の急速な進歩がもたらすものです。継続教育は総合技術の中にいた彼にとって決してなじみのない言葉ではありませんでしたが。

遠くズールから
ベルリンの専門誌に投稿

Beiträge in der Berliner Fachzeitschrift
aus dem ferner Suhl

東ドイツの総合技術の専門誌は、「総合技術教育 Polytechnische Bildung und Erziehung」でした。これは月刊誌で、ページ数は約六〇ページでした。研究者と学校行政家だけでなく、教師も執筆者でした。〔『総合技術教育』は一九五九年創刊、Volk und Wissen 出版社発行の専門誌。〕一九七〇年一〇月、「製図の方法論について」というタイトルの三ページの論文が掲載されました。執筆者は、国営企業FAJAS「エルンスト・テールマン」ズールの総合技術センターのグンター・ドレスラー〔原書の著者〕とヴォルフ－ベルトラム・シャイトゥでした。執筆者たちは一九六九年の年末に論文を書き、ベルリンに送ったきりでした。二人は編集者からの返事をもらいませんでした。それは実際には信じられないことでした。彼らが一九七〇年一〇月にこの専門誌を開いてその中に「自分たちの」論文を見つけたときの驚きはどれほど素晴らしかったことでしょう。今日そのような成り行き想像してみてください！　出版後初めて、編集者から謝礼を送金するための銀行の詳細を提供するよう求める手紙を受け取りました。それは正に二八〇マルクであり、もちろん二人で分配しました。〔既述のように一九七〇年の平均月収は約七五五マルクと言われる。〕これに励まされ、グンター・ドレスラーはベルント・ケッケと「七年生から一〇年生のための復習問題 Wiederholungsfragen für die Klassen 7bis10」というタイトルの論文を書きました。これはたいへん嵩張ったため、一九七二年の三月号と五月号の二つの号に分けて掲載されました。

一九七二年五月には「教科書の合理的な使用技術と使用方法」という論文も掲載されました。執筆者のグンター・ドレスラーは、この時、エアフルトで国防軍の基礎兵役に就いていたので、謝礼金をかなりうまく使うことができました。〔使わず貯金したということだと思われる。〕一九八一年以降、この雑誌「総合技術教育」に掲載

【原書】60頁

される論文の数が増加しました。

ズールからの論文には特に次のようなものがありました。

歴史的アスペクトをとりいれる（一九七八年三月）

企業の歴史と歴史意識の発達（一九七八年一〇月）

欲求——発達の原動力（一九七九年四月）

生産機能の技術的手段への転用（一九七九年七月）

技術的な動作原理の複数の使用（一九七九年九月）

合理化——私たちの時代の発明ではない（一九八〇年一〇月）

技術史の情報をより多くの学年で教える（一九八〇年一一月）

課題シートが様々な授業を支えている（一九八一年五月）

実用化による生活密着性（一九八三年一月）

執筆者には上記の者の他、ローラント・シュレーゲルミルヒとベッティナ・マールもいました。毎回、真ん中の見開き二ページに印刷され、画像と写真が付いた「技術——歴史と現在」のシリーズにも、前世紀の八〇年代に一二回以上、ズールからの投稿が掲載されました。つまり、彼らは授業以外でも活躍していたのです。これは東ドイツの専門家サークルにおいて、また、まちがいなく地域レベル（国民教育部門）にお

【原書】61頁

いても注目されました。

しかし一九九〇年からはもちろんこの分野は終了しました。専門誌はその発行を停止しました。果たして何を印刷すべきだったでしょうか？　東ドイツの教育政策にとってきわめて重要だったこの分野の終焉の報告は、この雑誌には適さなかったでしょう。

さて、それ以上に総合技術の終わり方は東ドイツの県や郡でたいへん異なっていました。三つの総合技術センターがあるズールでさえ、同一ではありませんでした。

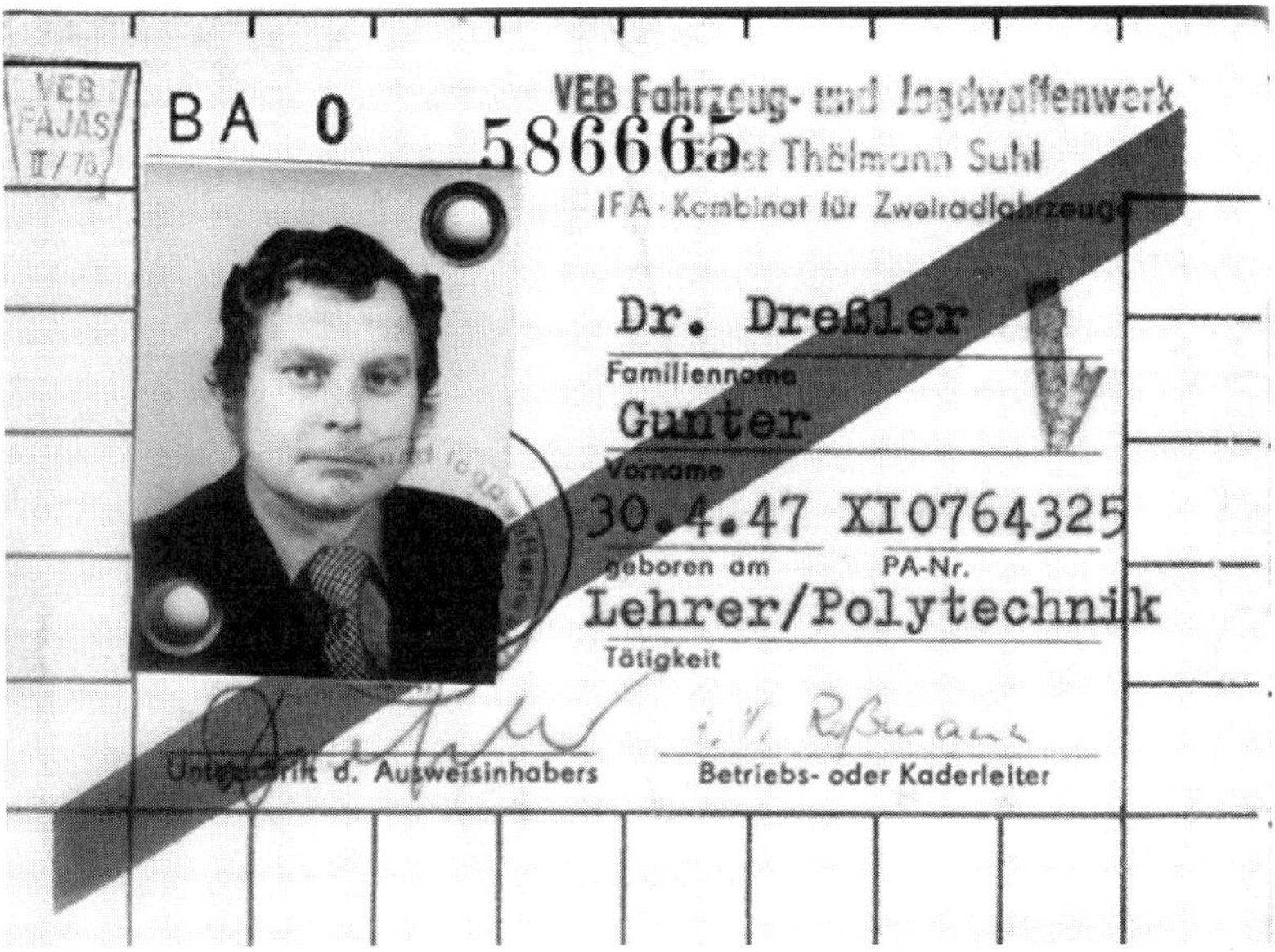

原書 60 頁：赤いクロスバーが付いたこのような会社 ID により、いつでも会社に出入りすることを許可されました。（出典：グンター・ドレスラー 所蔵）

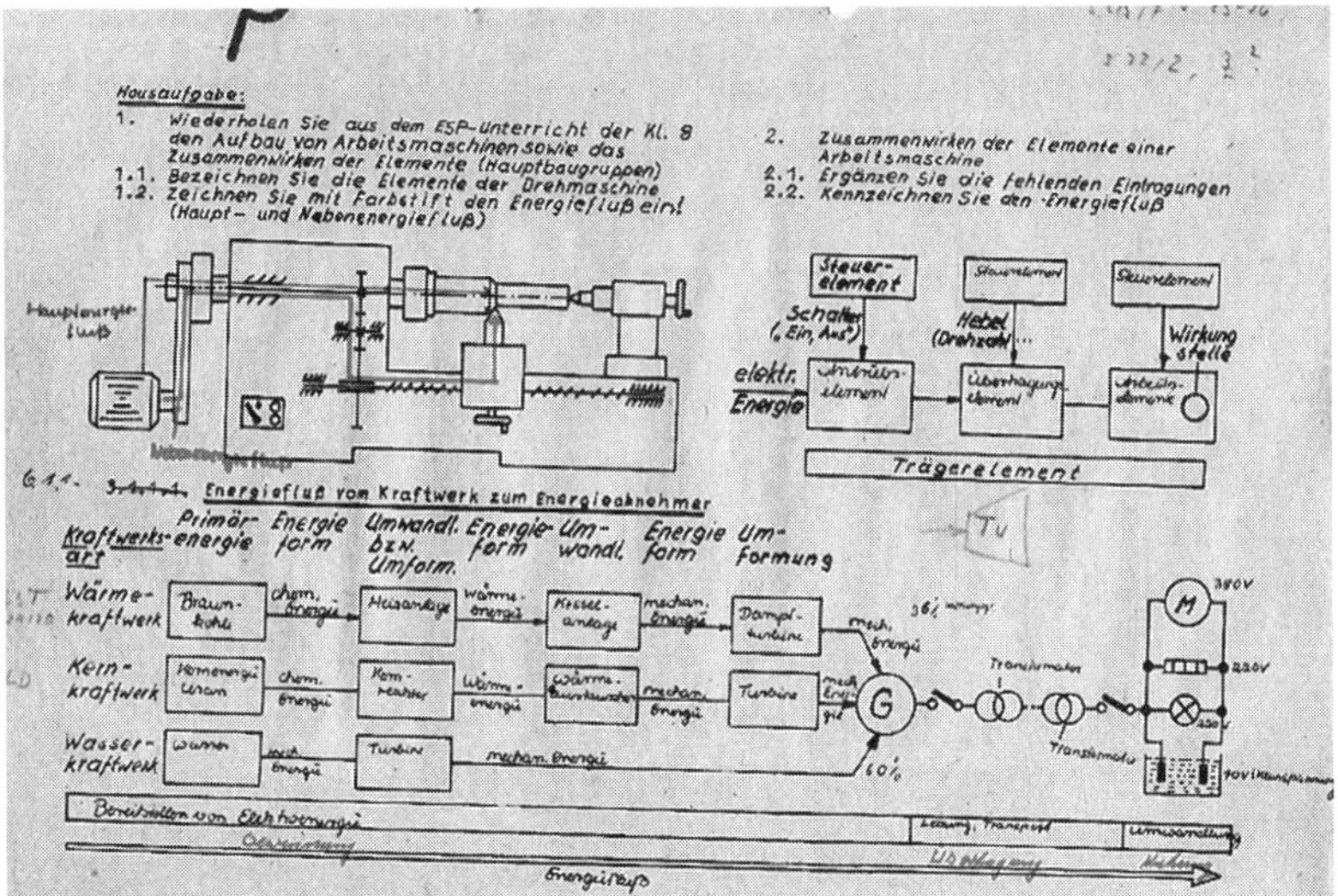

原書 61 頁右：エネルギーの流れをテーマにした 9 年生のエクササイズシート。（出典：エバーハルト・ヴァイス 所蔵）

終焉

Das Ende

一九八八年一一月にズールで総合技術に関する専門会議が開催されました。総合技術の担当者は、工場長との間で「国営企業ファインメスに新しい総合技術センターを設立するための一九八六年七月二四日の県評議会の決議を執行するために」について準備のための話し合いをすることを任されました。（ズール市公文書館、一三〇一二／一七〇参照）

しかし、すべてがまったく別の結果にならざるを得ませんでした。東ドイツの「生涯」の晩年の時点である一九八九年六月の第九回教育学会議への準備段階の後、総合技術授業、特に生産労働に対する批判がすでに表明されており、もちろん一九八九年秋以降も議論が続きました。そして、中央円卓会議では「総合技術実地教育の確保」という声もありました。しかし、一九九〇年の初めから多くの大企業が倒産し、改組が行われたため、総合技術キャビネットの経済的な存在手段となるものが提供されなくなったため、それははかない望みでしかありえませんでした。例えば自治体がこれらの機関のスポンサーとして機能できるようになるというような考えは、当時の実情から幻想であることが判明しました。

〈解説〉

この局面について訳者には「〈統一直前の東独〉文部省・総合技術教育研究グループ『総合技術教授の更なる発展のための基本的見解と提言[49]』」という翻訳・解説があった。

そこには次のように書かれた行がある（当時は総合技術授業を総合技術教授と訳していた）。「地方自治体で総合技術施設を有すること、それまでに、現在ある約二〇〇〇余の施設を維持するために、施設を提供している企業への経済的援助が国によって行われること、また、そうした企業が市場経済の中で経済競争上不利にならないよう経費がまた国家によって支出されることなど、総合技術教授の高学年での実施に不可欠な総合技術施設の予算措置と法的基盤の整備を中心に提言がなされている。」

この「総合技術教授の更なる発展のための基本的見解と提言」は、一九九〇年一〇月のドイツ統一前の一月に東ドイツ文部省に臨時に設けられた総合技術教育に関する研究グループが、その五月に行った報告書である。その内容は、東ドイツの存続を前提に、ベルリンの壁崩壊後の条件下で総合技術授業を存続させるために全神経を傾けたものであった。ところが実際には早期統一を掲げた政権が三月に発足し、瞬く間の展開で東ドイツの西ドイツへの編入という形で一〇月のドイツ統一となり、この報告書はまったくの紙くずになってしまった。

この報告書でも総合技術授業の実施のために、とくに総合技術センターを運営するために地方自治体や国に財政支援を求めていくということが述べられていた。しかしそれは、現実の動きから離れたまさに「幻想」だったのである。

教育長のシュナイダーが県行政当局に宛てた手紙には、「一九九〇年九月三日からの総合技術授業の確保」が同封されていました。手紙は一九九〇年九月二〇日に送られました（!）。最初の上べを装った言葉の後、次のような重大な文面がありました。「かつてのＷＢＫとＥＧＳとＦＡＪＡＳのコンビナートが解散または改組されたので、これらの企業とその後継企業は、総合技術授業にかかる費用を負担することができません。」それで、総合技術で働いていたマイスター教師は例外なく、会社で他のより確実な仕事を見つけようとしました。

【原書】63頁

ズール市役所

~~ズ××ー××ル××市××評××議××会~~ ズール都市部

役所　教育長

ズール市評議会・ズール都市部

県庁

カールリーブクネヒト通り

ズール

6000

ズール

6000

PSF640

Bi／G1　1990年9月20日

同封資料で、1990年8月17日付のチューリゲン州教育委員会の手紙の分析を転送のために引き渡します。

シュナイダー　同封

教育長

原書62頁：教育長のシュナイダーは、県庁に手紙を書き、州教育委員会からの手紙を同封します。それには、総合技術の終わりが確定されていました。古いタイプ用紙はタイプライターで修正されただけでした。（出典：ベルント・ケッケ所蔵）

カール・マルクスの著作から最初の数年間に導き出された「総合技術教育」の理論的なアプローチは、東ドイツの終焉の時点で、総合技術の存続を主張しないという政治的根拠を、旧連邦共和国〔旧西ドイツ〕の教育科学の代弁者に与えました。もちろん、一九九〇年にフレンスブルク〔デンマークとの国境近くの都市〕で開催された「第一回東西ドイツ技術教育シンポジウム」を見ると、例外もありました。新しく設立された州の省庁で活動していた古い連邦州〔旧西ドイツの州〕からの助言者は、それぞれの出身州の学校の批判的でないイメージを多かれ少なかれつくろうと懸命でした。教育大臣会議のガイドラインに沿った次のような教師の格付けが残っていました。すなわち、ESP教師は単一教科の教師として分類されたため、給与が低くなりました。かなりの数の者が別の教科の資格を取得し、他の者は新しい職業を探しました。総合技術がそもそもあったとしても、一九九〇／九一学年度の初めに、継続の可能性はすべてなくなりました。

ここに数行で一般論として説明されていることは、もちろんズール市でも、きわめて具体的なものとして起こりました。

かつての工業地帯であるズール－ノルトとツェラー－メーリスのタール通りあったEGSの総合技術センターの敷地はあっさりと明け渡されました。それは関係者にとっては苦痛でした。材料、機械そして工具がトラックで販売されていました。トラック一台分に一五〇DMが支払われるだけでした。〔当時の為替レートで日本円では約一二〇〇〇円である。〕マイスター教師の心は血を流していました。私たちはそれを的確に表現しなければなりません。それは、立ち退きセールではなく、明らかな立ち退き捨て値セールでした。

ＷＢＫの七年生と八年生の総合技術のマイスター教師は、突然、製品を製造するための材料がなくなりました。しかしとにかく、学校のクラスは総合技術センターにやってきたので、何か考えなければなりませんでした。彼らは自発的に森の小道の落ち葉を掃除しました……。より少ない材料で生徒を忙しく「保つ」別の方法は、より多くの理論でＰＡ授業を「充実させる」ことでした。もちろん、それは生徒たちの心をときめかせるものではありませんでした。

〈解説〉

ここでは総合技術授業の最期の局面が描かれている。東ドイツの西ドイツへの編入。大企業の倒産と解散と改組。総合技術センターの経済的基盤の喪失、そして解体。このことが、ズール市内の各総合技術センターでどう起きたが具体的に描かれている。

ＥＧＳ（電化製品工場 ズール）の総合技術センターの敷地は明け渡され、物品（材料、機械、工具など）はトラック単位で捨て値で販売された。ＷＢＫ（住宅建設コンビナート ズール）では、生徒はセンターにやって来たので、何かをしなければならない。森の小道の落ち葉掃除。ＥＳＰやＴＺの座学の時間を増やす。しかし生徒は感動しなかった。ＦＡＪＡＳ（車両・狩猟用武器工場 ズール）ではどうだったか。それが次に書かれてある。三台の小型バイクを手に入れ、それを分解し、再び組み立てるという授業をした。車輪交換とタイヤチューブ交換も繰り返された。そのような工夫がなされた。技術教育としての意味はあったということである。

原書 63 頁：ドームベルク［ズール市内の地名］での「総合技術」森林出動後の 7 年生と教師。(出典：クリステル・ブライトリング 所蔵、撮影：ヴァルデマール・マーン)

ＦＡＪＡＳでは人々は別の考えを持っていました。一九四五年生まれのヴォルフガング・ギュンターは、ショル学校（テールマン工場）からジムゾン工場に「委任」された最初の従業員でした。彼がそこに紹介されたとき、彼は後ろめたさを感じました。彼はＦＡＪＡＳの「総合技術部門の最後の責任者」となることに、同じように後ろめたさを覚えました。一九八九年と一九九〇年の経済問題は総合技術にも波及しました。多くの場合、何もすることができませんでした。エアライフル生産に材料の供給が途切れがちになると、月末に通常よりもさらに多くの特別なシフトを組む必要が出てきました。退職した元従業員（！）も、もっと頻繁に連れてこられました。やむをえず休憩中の生徒が「親指を回さない［何もせずぶらぶらしない］」ようにするため、マイスター教師たちは三台のモペッ

【原書】64頁

トを部署に引き取るというアイデアを思いつきました。モペットは部品がネジを外され、再び組み立て直されました。車輪交換とタイヤチューブ交換が数回訓練されました。この小型二輪車の電気も実験の場になりました。多くの生徒がこれらの車両を一台は自分で持っていたので、彼らは熱中していました。しかし、実地指導員たちと一緒で、彼らの頭は自分の将来についての心配でいっぱいでした。少しずつ空席があちこちに目立ってきました。一九九一年一月四日、ギュンターの総合技術の章が終わりました。彼はキャリアの晩年を、専門とは無縁にヴァルドルフ［ズールから西に一五㎞ほどの街］のチューリンゲン建設産業協会のバウ教育センターで送りました。

総合技術スタッフの最後の行動はしばしば苦痛なものでした。教材は、ＦＡＪＡＳの責任者によってズールの「レーニンリンク Leninring」（現在の Himmerlreich）にある市の「資材小屋」に運び込まれました。そこでは、例えば工作科の教師が、授業に使える物を手に入れることができました。「その日暮らしの楽天家の原則」が適用されました。つまり、早い者勝ちでした。

総合技術教科教師は、主に市内の学校で雇用されていました。かなりの数が、別の、例えば社会科の資格を取得しました。チューリンゲンの正規学校の新しい教科の経済学と法学は、ぞんざいに言うと「なじみの故郷」のないこれらの教師の多くの故国になりました。ユルゲン・ゲルビッヒは、ズールのラオテンベルク学校（正規学校）で長年、校長を務めました。

アルント・ヴァイセンボーンは専門学校に転向し、その後、長年にわたりイルメナウ［ズールの隣の都市］の

【原書】65頁

ジムゾン
車両有限会社

私書箱　140 ズール 6000
ギュンター・ヴォルフガンク様
コルンバーガー通り 79
6019 ズール

1991 年 3 月 26 日

通　常　の　解　雇

親愛なるギュンターさん、
私たちはあなたと以下の日時から有効な雇用関係を締結したことをあなたに通知します

1991 年 6 月 30 日（最終営業日）

会社が閉鎖されるため、合意されたまたは法定の通知期間に従って運営上の理由で解雇します。

ご存知のように、当社の製品の売上高は劇的に減少しています。現在および将来の注文状況は、もはや会社の経済的活動を保証するものではありません。

必要な対策によりあなたの仕事場に災難がふりかかったことを私たちは遺憾に思います。[ご迷惑をおかけしますことをお詫び申し上げます。]

解雇通知が出される前に労使協議会の意見が聴取されました。

敬具
ジムゾン車両有限会社 清算中

弁護士 ヨールケ
清算人

原書 64 頁：FAJAS の最後の総合技術の責任者への解雇通知書。（出典：ヴォルフガング・ギュンター 所蔵）

州立職業訓練センターで電子データ処理／情報科学の教師を務めました。

しかし、何人かの総合技術教師とマイスター教師は、パラシュートの開き綱を引っ張って学校の仕事から降りました。例えば、ザビーネ・エンゲルマンは有名な健康保険会社に行きました。ユルゲン・グレフはフィットネススタジオを開設し、東ドイツ時代に彼が虜《とりこ》になっていた身体文化の趣味の世界にぐっと近づきました。ローラント・フロイントは電気工房を設立しました。ビルギット・ハートヴィッヒは、広報の責任者として南チューリンゲン商工会議所ＩＨＫ〔Industrie- und Handelskammer〕にたどり着きました。南チューリンゲン州の手工業会議所での同じ役職は、元総合技術教師のエレン・マンゴールトが務めていました。ダニエラ・パンヴィッツは現在、ベルフテスガードナー・ラント郡〔バイエルン州南東に位置する。オーストリアとの国境が近い。〕の青少年福祉事務所で働いています。

このような新しいキャリアに着手するには、高いレベルの個人的な投資と多くの資格が不可欠な条件でした。多くのマイスター教師は非正規での教育の担い手に転身しました。ＷＢＫにいたマイスター教師の中には、ほんの二つの例を挙げると、チューリンゲン建築産業協会の職業訓練施設バウのヴァルドルフまたはズールにおいてジムゾン私立アカデミーで活躍した人もいました。手工業会議所の教育センターであるＢＴＺロール・クロスター〔ＢＴＺ＝職業訓練技術センター Das Berufsbildungs- und Technologiezentrum〕には、従業員の中に多くの総合技術のマイスター教師がいました。

原書 65 頁：1992 年、ズールのヴェルナー・ゼーレンビンダー通りに残る、EGS の古い建物の一部。（出典：ズール市公文書館、撮影：カローラ・レフラー）

別の道は、マイスター教師たちをいわゆる実地教育組合に導くことでした。これらは、南チューリンゲン商工会議所の主導で一九九〇年に設立されました。

この実地教育組合の任務は、当初、会社がなくなった見習いたちが訓練を修了できるようにすることでした。登録組織であるこの合法的な形態の組合は、こうした見習いを実際に見つけ、社外で訓練しました。この任務が片付いたとき、この登録組織のほとんどは南チューリンゲン州の養成および継続教育市場で教育プロバイダーとして活動するようになりました。ジムゾン私立アカデミーはそのような事業所 Firma の一つです。これらの内のもう一つは、今日でも教育市場で非常に成功している社団法人南チューリンゲン［社団法人ＢＣＳ＝Bildungs-Center Südthüringen e.V.］です。ラオテンベルクにあったＷＢＫの総合技術センターも教育会社に変身しました。一九五八年に生まれ、訓練を受けた工具製作者であるトーマス・クナウア（ＦＡＪＡＳ）は、一九八五年までThemar本社の国営建設資材コンビナートズールで総合技術に従事していました。一九八九／九〇学年度の初めに、彼はＷＢＫの長年の総合技術のボスChefであったフランツ・ポコルニーの後を引き継ぎました。それはクナウアにとって波乱に富んだ学年度でした。解散の兆しを目の当たりにして、彼は未来への解決策を見いだそうと奮闘しました。

　クナウアは、あるコンビナートの管理メンバーと士官大学のある教師が総合技術の新しい建物をたいへん熱心に「気にかけている」ことに気づきました。この二人の目的は私立の教育会社を設立することでした。クナウアは従業員に報告し、二者択一の質問をしました。「皆さんはこの新しい教育機関に引き継がれたいですか、それとも私たち自身が教育会社になるべきですか？」同僚たちは二番目の方法を決定しました。そして、競争が始まりました。クナウアは、ズール市、新しく設立された雇用事務所、そしてトロイハント［Treuhandanstalt 東ドイツの国営企業の民営化ないし再編を担うために設立された信託公社］と時間をかけて話し合いをしていました。彼は雇用事務所の従業員からいくつかの良いアドバイスを受けました。彼は、新しい教育会社が長期的に市場で活動できるよう、商工会議所または手工業会議所とともに（公的で法的な）担い手を探す必要がありました。南チューリンゲン商工会議所は聞く耳を持っていませんでしたが、手工業会議所は躊躇しながらもそれに応えてくれました。

　ついに、会社「南チューリンゲン手工業技術教育センター有限会社」がマイニンガー・ダンムヴェークの

【原書】66頁

支所とともに登録されました。その後、ズール市との一〇年間の賃貸契約が終了する前に、この有限会社はアウトバーンでツェラー＝メーリスに移転しました。［ズールとツェラー＝メーリスの間にアウトバーンが通っている。］ズールは、地元の専門学校の拡張の可能性があり、シューマン通りにある総合技術センターの以前の新しい建物を必要としていたのです。改築された建物は、現在でも州立ズール／ツェラー＝メーリス職業訓練センターの校舎の一部として使用されています。

〈解説〉

ここでは東ドイツおよび総合技術授業終焉後、総合技術スタッフがどのような道をたどったか、十数名についてのスケッチがなされている。したがってこの節は、総合技術授業の追悼の節であると同時に、総合技術授業に従事した人々の「追悼」（当時はまだ存命なので）の節でもある。著者の思いやりが感じられる。

ＥＳＰ教師もやむを得ず方向転換しました。彼らは学校で工作科の授業を教えたり、もう一度、大学で資格（例として社会科）を修めたり、新しい教科「労働、経済、技術」に参入したりしました。ある教師は奇妙な形で転換を経験しました……外国で。

原書 66 頁左：かつての WBK の総合技術の新しい建物では、「南チューリンゲン手工業技術教育センター」という教育会社で、特にタイル職人が養成されました。
（出典：トーマス・クナウア 所蔵）

原書 66 頁右：ツェラ - メーリスのタール通りの取り壊された総合技術のバラックの跡地には大型小売店が建てられました。皮肉なことに、それも閉鎖されています。
（出典：アルント・ヴァイセンボーン 所蔵）

アジアでのキャリア

Karriere in Asien

一九五一年生まれのマンフレート・ハートは、八年生終了後、大工になることを学びました。［一九四六年の「ドイツ学校民主化法」の下で、八年制の基礎学校があった時代のことである。］彼はマイニンガー人民大学［成人教育センター］の夜間コースで一〇年生とアビトゥアを構成しました。一九七二年に彼はエアフルト教育大学で勉学を始め、一九七六年に彼は総合技術の学士教師になりました。彼の最初の教職の職場は、ズールの第二POSの教員としてEGSの総合技術センターでした。一九八三年に彼は大学院生としてエアフルト教育大学に戻り、一九八六年に「ESPの授業への情報科学の導入」をテーマに博士号を取得しました。ハート博士は、論文のトピックが時流に合っていたので、ズール県に戻った後、情報科学 Informatik の教科相談員になりました。彼は、当時使用されていたコンピュータがよく故障しがちだったということを覚えています。当時、コンピュータは主に機械の制御を目的としており、普通教育でというような他の役割については考えられていませんでした。

一九八七年にハートはライプチヒで数ヶ月続く集中語学コース（フランス語）を修了しました。彼の語学力をもう一度、復習した後（一九八八年）、彼は「建設協力者」としてラオスに行きました。このアジアの国で学校制度の中に総合技術らしいものの居場所を見つける必要がありました。彼はそこで経験した困難をさわやかに話すことができます。問題を引き起こしたのは決して熱帯の気候だけではありませんでした。与党であるラオス人民革命党は行政構造のいくつかのレベルで道に迷っているだけでした。「建設協力者」はしばしば虻蜂取らずでした。教師のためのある継続教育の際、彼は、数日間の継続教育の聴衆が専門的なことについて全く知

【原書】67頁

らなかったことに気づきました。調べてみると、彼の前に座っていたのは教師ではなく、教育役員だけだったのです。彼らは、参加者としてお金を「着服する」ことができるようにするために、招待状をとにかく送らなかったのでした。地元の専門学校の教師や地域の職人の助けを借り、全国からの教師の継続教育はついに実現することができました。ハート博士の指導の下で、製図から料理、そして例えば［籐の］家具の織り方、テーブルの装飾などまで、七つの指導計画が作成されました。一九八九年の夏、彼は数週間、帰省休暇を過ごしました。彼のような休暇を過ごす者にとって、当時の政治的問題は親戚の間でしか感じ取ることができませんでした。彼は首都ビエンチャンにある専門学校の教室でラオスに戻って最初の試行授業を行いました。［著者によると、ハート氏の主な仕事は、カリキュラム開発とそのカリキュラムを実際に展開する授業の開発を行うことだった。母国の政治情勢をわからずラオスで仕事をしていたのだ。］一九九〇年の夏の終わりにこの教科相談員はついにラオスから連れ戻されました。ちなみに、彼が初めてドイツマルクを見たのはその時でした。他のものも根本的に変わっていました。総合技術センターはもう存在しませんでした。［ハート氏は浦島太郎のようになっていたということである。］したがって、それは彼自身が完全に方向転換するという問題となりました。ハート博士は間違いなく成功しました。ズール市民の多くは、今でも市議会議員としての彼の長年の活動をあざやかに記憶しています。

この小冊子の著者［ドレスラー氏］は、総合技術の元教師でもあり、南チューリンゲンの手工業会議所での「教育責任者」としての一七年間の活動の中で、自由州中［ここでの自由州はチューリンゲン州のこと］の元総合技術スタッフたちに出会いました。例えばズールのベルント・ケッケは、チューリンゲン州の教員研修・カリキュラム開

【原書】68頁

原書 68 頁：機械室の９年生の女生徒（出典：ヘルムート・プライデル 所蔵）

発・メディア研究所（ThILLM）で何年も働いていました。トーマス・ズールフライシュは、南チューリンゲン商工会議所で数年、働いた後、チューリンゲン建設業協会 Bauindustrieverband で重責を担う立場で長い間、働いてきました。この小列伝は、シュマルカルデン－マイニンゲン地方郡で二〇年以上の成功を収めた郡長で締める必要があります。すなわち、ラルフ・ルーターは、一九七八年から転換まで非常に熱心な総合技術教師でありました。

小さなズールシリーズのこの号をほぼ終えるにあたり、読者は元生徒と元教師は「過ぎ去った」総合技術についてどう考えるか、その意見や評価に［次の節で］直面することになります。

何が残ったか？
回想と評価

Was bleibt?
Erinnerungen und Meinungen

「ＥＳＰとＰＡの授業をよく覚えています。私たちは企業での仕事で多くのことを経験しました。それは私たちの世代の職業選択に良い貢献をしたと確信しています。」

——アンドレア・カール、第五ＰＯＳ「ヴェルナー・ゼーレンビンダー」の生徒。現在は、ゾンネベルク［チューリンゲン州南端部］のジョブセンターのマネージングディレクター。

「週に一回、ズール－ハインリッヒスのジムゾン工場にバスで行き、労働の一日の感触をつかみ、同時に、役立つものを製造しました。例えばエアライフルを製造したりしました。それは、ふだんの学校生活からの歓迎すべき変化だったので、とても良いもので、有意義だと思いました。私たちはいつもクラス集団で楽しんでいました。」

——ディーツハオゼンＰＯＳの生徒であるベアテ・リューッティンガーは、今は、南チューリンゲンの手工業会議所の秘書をしています。

「総合技術授業は今日でも利用できるはずです。私はまだ生徒だった頃、早い段階で特定の技能を学び、技術的な問題を理解しました。それで私は仕事の世界に入るのが容易になりました。」

——ズール第一ＰＯＳの生徒であるトーマス・リーマーは、今は、エアフルトのPAARI® Waagen-und Anlagenbau GmbH & Co.KG［PAARI® 計量およびプラントエンジニアリング有限会社及び商会合資会社］のサービス技術者です。

【原書】69頁

【原書】70頁

原書 69 頁：ズールのジムゾン工場、後の FAJAS コンビナートの一部の全景（出典：ズール市公文書館）

「一九八八／八九学年度、私はＥＧＳでの総合技術授業に参加しました。私のグループで、一つの万力《まんりき》を労働者と一緒に使用しなければならなかったのは私だけだったのを覚えています。この職場は私にとって暗く、油っぽく、息苦しいものでした。その労働者が汚れた作業台でお弁当箱を開いたので、私はその人にも慣れてきました。私はまた、別の時点で組立ラインに割り当てられました。そこで私はスライサーでいくつかの小さな仕事をしなければなりませんでした。装置は組み立てラインをとても速く通過したので、それは私にとってとても落ち着かないものでした。」

――イヴォンネ・ガリーナ－カスナー、第八ＰＯＳの女子生徒、今は資格のあるビジネス弁護士、フライジング［ミュンヘンの北側にある都市］に住んでいます。

「私はショル学校で、ＥＳＰとＵＴＰなどの総合技術授業を受けました。いつもいい雰囲気で、実生活とのつながりが見えてきたので、この授業が気に入りました。製図は二度と必要ありませんでしたが、ＵＴＰでの実際の活動は、例えば鋸挽きをする場合まっすぐに切るとか、やすりを使って仕事をする場合などは、今でも私が恩恵を受けているものです。歩いて五分しかかからない通学路だったこともあり、この特別な授業の日は気に入りました。」

――第四ＰＯＳの生徒であるマチアス・リンデンラウプは、現在、ライン／ニーダーバイエルン〔バイエルン州の都市〕で経営コンサルタントをしています。

「重要な基本とスキルを教える総合技術授業が行われなくなったため、適切なタイミングでの職業世界へのガイダンスの機会が失われています。この授業は、私の職業選択の基礎を築きました。工具製作所そばの金属や油の匂いや、工作機械が一瞬で金属の塊を変化させる様子に今でも魅了されています。やすりの取り扱い、当時のジムゾン工場で数百のブレーキカムレバーのバリ取りを行ったこと、現場の経験豊富な同業の労働者たち仕事を認められたことは私にとって重要な経験でした。」

――ユルゲン・ペータ、第五ＰＯＳ「ヴェルナー・ゼーレンビンダー」ズールの生徒、今は、ズール－ヴィヒッツハオゼンの「ペーター空調サービス」会社の所有者。

「若者が男女とも、総合技術授業を通じて、正確にやすりをかけ、孔を空け、または測定するのにどれだけ

原書 71 頁：EGS での貯湯タンクの生産。このズール製の貯湯タンクは多くの家庭で見ることができました。（出典：ズール市公文書館）

の労力がかかり、製図を作成するのにどれだけの精度が必要かをすぐに気づきました。」

「それで彼らは労働者の仕事に感謝することを学び、そしてもちろん彼ら自身の成し遂げたことを誇りに思いました。学校での座学での学習が得意ではなかった人の中には、そこで新しいスキルを発見し、自信をつけ、自己啓発にプラスの効果をもたらした人もたくさんいます。」

「もちろん、校長と総合技術センターの主任は緊密な協力が必要でした。新学期の長期的な準備は、円滑な実施のための絶対的な条件でした。七年生から一〇年生のすべてのクラスを、特定の日にスケジュールする必要がありました。それにもかかわらず、教科教師の授業時間と学校の教科キャビネット（例えば、物理学、化学）と体育館の最適な使用は確実に保証されなければならず、それはしばしばたいへん複雑なものとなりました。さらに、場合によっては起こるかもしれない問題を時間内に解決

【原書】71頁

原書 72 頁：1970 年には、中央配送を待つ必要はありませんでした。すなわち 10 年生の ESP 授業用の自作コントロールパネルは、会社の明日の専門家見本市 MMM で賞金を受け取っただけではありませんでした。（出典：ベルント・ケッケ 所蔵）

するために、個々の生徒の仕事ぶりや行動に注意を払うことが重要でした。」

「振り返ってみると、総合技術授業は、若者の男女に、彼らが人生で実際に確実に応用できた、そして今日でも応用できる知識と能力を与えたと、私は言いたいです。」

「そのような授業の『再導入』は、いずれにせよ肯定的に見るべきでしょう。今日の卒業生には、道具を扱ったり、ごく軽微な破損を自分で修理したりするための簡単な実践的スキルや、小さなことであれば職人を必要としないということが欠けています。

しかし、残念ながらこの構想は、実行するための経済的条件が今日与えられていないという現実を認める必要があります。」

——エバ - マリア・トーマエ、ズールの POS「フリッツ・ケーラー」の一九七五

【原書】72 頁

年から一九八二年までの元校長。

「総合技術の内容が一九六〇年代のまさに私の学校時代を規定していたことをよく覚えています。生産の日はいつも特別なものでした。ふだんの学校生活から離れ、会社の仕事場へ。作業着、いつもよりも多い朝食、生徒を親切に迎えてくれた労働者との会話。今でも、ドリルの前に立っていたのを覚えています。長い手ほどきと何時間ものやすりがけの後、ようやく自分でドリルを操作できるようになりました。私の息子たちにとっても、一九八〇年代は総合技術教育を受けることは当然のことでした。学校時代の早期のトレーニングは、二人の技術スキルを促進しただけでなく、工学研究の道――技術的な方向性――を決定し、上級エンジニアとしての今日の専門的な仕事によい影響を与えました。」

「校長として（一九九〇年――二〇一三年）、私はあらゆる機会を利用し、正規学校『パオル・グライフツ』の学校の特色づくりとして職業志向という構想を実践志向で実施しました。男子により多くの機会がありました。ビジネスや職人のパートナーがコースやインターンシップを提供し、その一部は授業で使用されましたが、主に午後に使用されました。［ドイツでは半日学校が普通なので、午後の時間帯は生徒を集めやすい時間帯だったということを表していると思われる。］一九九〇年代の経済の混乱の中で、生産施設で生徒に手工業的な活動を教えたり財源を提供したりする献身的な人々がいました。教師、経済界のパートナーおよび保護者は、過去に総合技術によって自己形成しているので、生徒が早い段階で実践的な経験を積むことがいかに重要であるかを確信していたのです。」

――ドリス・クラウアは、一九九〇年より後にパオル・グライフツ学校ズールで長年、校長を務めました。生徒としてシュタットイルム［イルメナウ近くの都市］で総合技術授業を経験しました。

〈解説〉

この最後の節では八人の総合技術授業についての回想と評価がなされている。七人目のトーマエ氏と八人目のクラウア氏のものは他の六人に比べ長いものになっている。その内容は、一人を除き、総合技術授業に対して概ね、肯定的である。

工場に行く日は特別な一日で、ふだんの学校生活から解放されて楽しかった。座学の学習が苦手な生徒も自信をつけ、現場で大人に認められたことが自己啓発になった。労働者への感謝の念が生まれた。早い内から技術を身につけたので、今の仕事につながっている。職業選択や進路選択でも役に立った。鋸ややすりを使った仕事は今でも役立っている。簡単な道具の扱いやモノの修理は自分でできるようになった。総合技術授業は経済的条件がないため、その再現はたしかに無理だが、今でも残しておきたいものだった、という回想と評価であった。

総合技術授業の終焉後も自らの価値ある経験を次世代にもという目的で技術教育訓練の機会が残されたことの意義も取り上げられており、前の節で紹介された原書著者らの地道な取り組みの貢献が称えられている。

東西ドイツ統一後、旧東ドイツ国民が東ドイツの教育で評価するものとしてあげたものに、保育施設の充実と単線型の学校制度とならんで、総合技術教育があったとされる。[50]総合技術授業の肯定的な評価を見ると、そのことが想起される。

訳者も総合技術授業の体験に関するインタビューを幾人かの人にメールを使い書面で行ってきた（二〇二一年）。そのことは「まえがき」でも触れている。「振り返ってみてＰＡをどのように評価しますか、その経験はあなたの人生によい影響をもたらしましたか？」という質問に次のような回答があったことを紹介したい。

「はい、良い影響はあります。私は早い段階で工具や機械を扱い、家庭では小さな修理をし、ドリルやはんだなどを扱うことができました。一九九〇年以降ハンブルクのプロダクションマネージャー兼トレーナーをしていた父は、私たちを見習いとしてよろこんで迎えたいものだということを私に言っていました。そして父は、〝少なくとも私たちは何が一〇であるかを知っていた〃といつも言っていました。「古い」連邦共和国［旧西ドイツ］の見習いは、勝手がわかっていなく、すべてをゼロから学ぶ必要がありました。若者として道具を実際に体験できたことは大きなアドバンテージでした。それはまた、私たちの誰が生産的な仕事を楽しんだか、誰が楽しんでいないかがすぐに明らかになったので、将来の職業志望に影響を与えました。……この期間は職業選択に非常に良い影響を与えました。それは私自身の将来設計を具体的なものにするのに大いに役立ちました。」

ＰＡの経験で基本的な道具や機械が使用できるようになった。自分がどのような仕事をしたいかあるいはしたくないかがわかり、職業選択によい影響を与えた。また、生産事業所に携わる父の話として、同じ見習いでも東ドイツのＰＡを経験した若者は使いものになるが、旧西ドイツの見習いはすべてゼロから学ぶ必要があったということである。この話はズールから遠く離れた旧ノイブランデンブルク県（現メクレンベルク・フォアポンメルン州）ノイシュトレリッツ市で一九八四年から一九八七年までＰＡを体験した女性の話である。その評価がズール市民のものとあまり変わらないことに注目したい。

（訳と解説は、以上。）

訳者注

1、吉田成章（二〇一一）『ドイツ統一と教授学の再編――東ドイツ教授学の歴史的評価――』（広島大学出版会）が、東ドイツ教授学の歴史的評価に関する研究を統一後のドイツにおける評価を中心にかなり包括的かつ詳細に行っており、かろうじてその中で総合技術教育についての生成・発展・消滅の過程とその評価が扱われている。総合技術教育と東ドイツ教授学が不可分だったため教授学研究のなかでそのことは可能になっている。

2、村井敬二（一九七四）「ドイツ民主共和国の総合技術教育に学ぶ――その現況について――」技術教育研究会編『総合技術教育と現代日本の民主教育』鳩の森書房および産業教育研究連盟編（一九七七）『ドイツ民主共和国の総合技術教育――子どもの全面発達をもとめて――』民衆社。後者は民間教育研究団体の産業教育研究連盟が主宰した東ドイツの総合技術教育視察の報告書である。改めて同書を読むと、総合技術授業の実相のいくつかが把握されている。

3、訳者の論考等は次の四点である。三村和則（一九九五）「〈統一直前の東独〉文部省・総合技術教育研究グループ、『総合技術教授の更なる発展のための基本的見解と提言』（翻訳と解説）」沖縄国際大学文学部『沖縄国際大学文学部紀要――社会学科篇――』第二十巻第一号。三村和則（一九九六）「統一ドイツにおける総合技術教育の研究と実践の現状――ブランデンブルク州を中心に――（報告）」沖縄国際大学文学部『沖縄国際大学文学部紀要――社会学科篇――』第二十巻第二号。三村和則（二〇一五）「ドイツ総合技術教育実践の実相――一九七〇年代初頭の『生徒の生産労働』の場合――」沖縄国際大学人間福祉学会『沖縄国際大学人間福祉研究』第十一巻第一号。三村和則（二〇一六）「Gert Geißler 氏の「生徒の生産労働」の体験談（短報）」沖縄国際大学人間福祉学会『沖縄国際大学人間福祉研究』第十二巻第一号。

CiNii の文献検索でこの四点をカバーする検索ワードは「総合技術　教育」であった。そこからこの検索ワードは他の先行研究を把握する上で適切な検索ワードだと判断し、検索した結果、本原書のように総合技術授業の実践の状況を具体的に、しかもその生成から終焉までを著している論文や本は存在しないことを確認できた。念のために Google Scholar でもチェックしてみたが、同様の結果であった。（いずれも二〇二一年九月七日閲覧。）

4、サイマル出版会編、パノラマＤＤＲライゼビューロー協力（一九八三）『ＤＤＲの魅力　行ってみたい東ドイツ』サイマル出版会、七五－七六頁参照。

5、https://de.wikipedia.org/?title=Wikipedia:Kartenwerkstatt/Archiv/2007-12#/media/Datei:DDR_Verwaltungsbezirke_farbig.svg（二〇二一年九月七日閲覧）を参考に作成。

6、中野光（一九六六）「ドイツ民主共和国の教育」中野光、三枝孝弘、深谷昌志、藤沢法暎著『戦後ドイツ教育史』御茶の水書房、一三八頁、および三村（二〇一六）、前掲論文、二六頁参照。

7、三村（一九九五）、前掲論文、六八頁参照。なお、当時は総合技術授業のことを総合技術教授と訳していた。

8、根本道也（一九八一）『東ドイツの新語』同学社、四三頁参照。

9、三村（一九九五）、前掲論文、七〇頁。

10、越野剛（二〇二二）「戦争と災厄の文学を読む（2） 民衆（ナロード）神話の解体」ＮＨＫＲ２『カルチャーラジオ文学の世界』二〇二二年七月二一日放送。テッサ・モーリスｰスズキ著、田代泰子訳（二〇〇四）『過去は死なない――メディア・記憶・歴史』岩波書店に依拠しての口述。

11、村井（一九七四）、前掲論文。

12、根本（一九八一）、前掲書、一〇五頁参照。

13、三村（二〇一五）、前掲論文、二七頁参照。

14、総合技術センターは学校と特別な契約を持った工場または農場の一部分として企業体の費用で設置される。そして、生徒の労働成果は企業体の生産計画に組み込まれ、生徒の失敗作は企業体の損失になる（産業教育研究連盟編（一九七七）、前掲書、七五頁）。

15、駒林邦男（一九五六）「総合技術教育の現状――その素描――」教育史研究会編『資本主義社会の教育法則』、東洋館出版社、一八八頁参照。

16、吉田（二〇一一）、前掲書、一五頁、一九頁および三三頁参照。

17、Heinz Frankiewicz（1968）: Technik und Bildung in der Schule der DDR. Volk und Wissen Verlag, Berlin.

18、例えば、G.Neuner（1972）: Zur Theorie der sozialistischen Allgemeinbildung . Volk und Wissen Verlag, Berlin. および G.Neuner（1989）: Allgemeinbildung:Konzeption, Inhalt, Prozeß. Volk und Wissen Verlag, Berlin.

19、根本（一九八一）、前掲書、一〇三頁をはじめ、一般の独和辞典などに見られる。

20、産業教育研究連盟編（一九七七）、前掲書、八四頁参照。

21、同上、一一八頁参照。

22、村井（一九七四）、前掲論文、六三頁参照。

23、以上、三村和則（一九八八）「東独教育課程の特質と変遷」日本教育方法学会編『日本教育方法学会紀要「教育方法学研究」』第一四巻、七三―七四頁参照。

24、三村（二〇一五）、前掲論文、三八頁参照。

25、三村（二〇一六）、前掲論文、二五頁参照。

26、三村（一九八八）、前掲論文、七四―七五頁参照。

27、次の文献を参考に、訳者が作成した。村井（一九七四）、前掲論文、五〇頁、吉田（二〇一一）、前掲書、三三頁、日本ドイツ民主共和国友好協会編（一九八二）『社会主義のドイツ』大月書店、三〇頁、天野正治、結城忠、別府昭郎編著（一九九八）『ドイツの教育』東信堂、三五三頁、根本（一九八二）、前掲書、九二頁。なお、一九七七年前後の一〇年生終了後の進路は、拡大上級学校が一〇％、進学資格を伴う三年間の職業訓練が五％、二年間の職業訓練が八五％となっている（産業教育研究連盟編（一九七七）、前掲書、一一四頁参照）。また、現実問題として八年生終了時にふるい分けがあり、成績不振の生徒は三年間の職業訓練を受け、一〇年生終了者との間で基礎的な知識で差が出ないようフォローがなされるという。これには全生徒の八％が該当したとされる（産業教育研究連盟編（一九七七）、前掲書、九〇頁参照）。

28、佐々木英一は「ドイツ民主共和国の『職業準備的総合技術教育』概念の基本的性格について――職業的基礎訓練の歴史的意義――」（『京都大学教育学部紀要』二三号、一九七七年、一四二頁）で適切に次のように述べている。「わが国における『総合技術教育』研究は……その一般陶冶的性格を強調する余り、職業訓練・職業教育との密接な関連を把握することが弱く、かえって総合技術教育の全体像を明確にしえないという弱点を持っている。」。彼は訳者のような幻想は持っていなかった。しかし、例えば、恒吉宏典(一九八七)「総合技術教育」吉本均責任編集『現代授業研究大事典』明治図書、一四頁および、大谷良光(二〇一四)「総合技術教育と技術科」日本教育方法学会編『教育方法学研究ハンドブック』学文社、二七二頁参照に見るように、総合技術教育を一般陶冶的な面だけから捉えるのが一般的傾向である。

29、四年生と五年生にある裁縫は男女を問わず選択できる。男子生徒でも選択できるし、女子生徒でも選択しなくてよい（産業教育研究連盟編（一九七七）、前掲書、八一頁参照）。

30、村井（一九七四）、前掲論文、六三頁の表を参考にした。

31、本節は、三村和則（二〇二二）「総合技術教育（ポリテフニズム）はどの程度の技術教育を提供していたのか」技術教育研究会会報『技術と教育』№五八〇、二〇二二年四月号、一三―一五頁を元にしたものである。

32、村井、同上論文、五四―六二頁。

33、https://www.spiegel.de/politik/fruehe-saat-a-523be3fd-0002-0001-0000-000045741401 Frühe Saat 11.05.1969,13.00 Uhr・aus DER SPIEGEL 20/1969（二〇二一年一一月二二日閲覧）。

34、https://stock.adobe.com/jp/images/moped-schwalbe/429044447（二〇二三年九月一一日閲覧）。

35、仲井太一（二〇〇九）『ニセドイツ1 ≒東ドイツ製工業品』社会評論社、六〇―六五頁参照。

36、根本（一九八一）、前掲書、五二頁参照。根本によると一マルク≒一四〇円である。しかし、東ドイツマルクの価値を日本円と単純に比較するのは困難だとされる。基本的な食料、アパート、バスや電車だけでなく、本など多くの基本的な必需品が、東ドイツでは補助金を受けており、市場経済のルールに従っていなかったからである。参照 https://ddr-erinnerungen.de/kaufkraftvergleich-was-die-ddr-mark-wert-war/versorgung/1095/（日本語訳）（二〇二三年五月八日閲覧）。

37、地図は、https://freecountrymaps.com/karte/stadte/deutschland/21453859/（二〇二一年一一月七日閲覧）を参考に作成。位置は、ドレスラー氏による。

38、仲井（二〇〇九）、前掲書、六〇頁参照。

39、村井（一九七四）、前掲論文、六三頁参照。

40、根本（一九八一）、前掲書、三四頁参照。

41、https://commons.wikimedia.org/wiki/File:AKA_electric_RG28s_cropped.jpg（二〇二三年九月一四日閲覧）。

42、https://de.wikipedia.org/wiki/Kommen_Rührgeräte_in_den_Himmel%3F（二〇二三年九月一一日閲覧）。

43、大西健夫編（一九八六）『現代のドイツ11 ドイツ民主共和国』三修社、二〇四頁参照。

44、産業教育研究連盟編（一九七七）、前掲書、八四頁参照。

45、城丸章夫（一九八一）「巻頭言 仕事と労働の教育の検討のために」日本民間教育研究団体連絡会編『教育実践』第三〇号、一九八一年四月号（特集／人間をつくる労働と教育）、四頁。

46、根本（一九八一）、前掲書、一一九頁参照。

47、例えば大野亜由未（二〇〇一）『旧東ドイツ地域のカリキュラム変革』協同出版、一九五頁参照。

48、例えば日本ドイツ民主共和国友好協会編（一九八一）、前掲書、一七頁参照。

49、三村（一九九五）、前掲論文。

50、日本ドイツ学会編・天野正治他著（一九九三）『ドイツ統一と教育の再編』成文堂、五六―五七頁参照。

訳者 あとがき

本書は、「人格の全面発達」ということに関心がある人／あった人、東ドイツの教育に関心がある人／あった人、社会主義国と呼ばれた国の教育に関心がある人／あった人、ポリテフニズム・総合技術教育ということに関心がある人／あった人、ならびに東ドイツの歴史をある程度把握している人／把握していた人、そういう日本の人々の関心にある程度応えることができたのではないかと考える。

人格の全面発達という崇高な教育目標を目ざしたのが総合技術教育であった。そのカリキュラムの中心部分に総合技術授業の教科群があり、その中核をなしたのがＰＡ（生徒の生産労働）であった。本書はその実相を明らかにしようと努めた。本書で浮かびあがった点は次のように整理することができる。

一．総合技術センターはＰＡのための特別な施設である。それは学校教育施設だが、企業体の費用で工場や農場の敷地に設置された。その内の一つについて、建物の規模や間取りがわかった。地上一階、三〇メートル×二五メートル、地下一階、四〇メートル×二五メートルの大きさであった。その中に、地下階に工作室一室（工作台と万力が設置）、機械工作室一室（旋盤、フライス盤、ボール盤などを備えている）および普通教室（ＥＳＰ（社会主義生産入門）とＴＺ（製図）の授業を行う）があり、地下階には広大な生産ホール一室があった。この規模で、六つの学校の生徒約九〇〇人が五日に分かれて使用した。生産ホールでは実際に販売される製品の製造や組立が行われた。

二．PAに携わる人員（総合技術スタッフ）が明らかになった。まずマイスター、マイスター教師、技師、熟練労働者および熟練労働者教師が存在する。彼らは企業所属の人員である。彼らがPAの実地指導員となった。その中から世話係が出て、総合技術教師との間をつないだ。一方、総合技術教師はESP（社会主義生産入門）とTZ（製図）の授業を担当し、PAの際は生徒の様子を監督した。彼らは学校の教師であるが、主たる職場は総合技術センターで、学校に出勤することはほとんどなかった。

三．PAの具体的な学習の場が明らかになった。七年生は総合技術センターの工作室、八年生は機械工作室、九年生と一〇年生は実際の労働現場である。但し、ズールでは九年生には生徒だけの生産部門（総合技術センターの生産ホール）があり、また、一〇年生には実際の労働現場ではあるが生徒だけが働く部署が設けられていた。

四．ESPとTZの理論教科とPAの実践教科の開講の前後の順序や間隔はまちまちであった。ESPとTZを午前に行いPAを午後に行うというケース、その逆のケース、ESPとTZを前の週に終日行いPAは後の週に終日行うというケース、およびその逆のケースがあった。それは、総合技術センターの効率的使用と総合技術スタッフの効率的配置のためや、生産現場の事情に左右されたからである。

五．安全衛生指導に力が入れられた。安全衛生指導を受けた際は、その証明として生徒全員が署名をした。生徒の安全衛生が第一の目的だが、事故があった場合、それは教師の免責事由となった。しかし実際には事故は少なく、重大事故はほとんどなかったとされる。なお、PAをカリキュラムに導入する際は生徒の健康上無害であるか否かの議論が医師を交えて行われた。

六．総合技術教師の養成は他の教師同様、教育大学で行われるが、総合技術授業をカリキュラムに導入した当初は熟練労働者を引き抜き、アビトゥアを得させ、大学に入学してもらうことで養成を行った。その際、東ドイツでは一般的であった、通信教育や夜間教育が多く利用された。

七．九年生と一〇年生のＰＡは、学校の教育課程に属する一つの科目であるが、工場（農場）の生産計画の下で行われるという実態がある。ここにコンフリクトが生じる。その主なものは、一つは、労働内容を生徒の技能発達に合わせてより高次へと構成・配列するということが難しいという点である。そのため学年が上がるにつれ、労働への動機づけが課題となることがあった。二つ目は、生徒と労働者の一日の始業時間と終業時間が一致しないという点である。また、生徒には長期休暇（夏休みなど）があるという点である。そのため、工場（農場）はその分を穴埋めする大人の人員をやりくりする必要があった。

八．ＰＡは企業収益に貢献せず、むしろ損失をもたらした。たしかにＰＡは生徒が無賃金・無報酬で行う生産労働である。しかし、総合技術スタッフ（マイスター、マイスター教師、熟練労働者、熟練労働者教師など）の人件費、総合技術センターや生徒労働部署の経費（設置費、光熱費、メンテナンス費、清掃費など）、生徒労働部署の確保・工面や労働人員の配置のやり繰りおよび資材の調達や出荷の経費などを企業が負担したからである。このようにＰＡはあくまでも教育的側面が優勢になっていた。なお、ＴＡＮ（標準作業時間）という指標で比べると、熟練労働者と生徒との間には三〜四倍の生産性の開きがあったとされる。

九．ドイツ統一後、総合技術授業が継続できなかった理由は、たしかに東ドイツの学校制度とカリキュラムが一掃されたということにあるが、直接にはＰＡのための総合技術センターと生徒労働部署を提供・維持・

運営していた企業の協力が物理的に得られなくなったからである。つまり、統一により、東ドイツの大企業が倒産・解散・改組したからである。

一〇．総合技術授業では水準の高い技術教育が行われていたことがわかった。西ドイツの研究者が東ドイツの生徒は七年生時点で西ドイツの高校卒業生以上に職業的および経済的経験をしていると評していた。また、ＰＡを体験した人々からは自身の職業選択に好ましい影響を与えたという評価が多くあった。雇用する側でも、ドイツ統一直後、西ドイツ出身の若者に比べると同じ見習い工でも東ドイツ出身者には技能的に格段の有能さがあったとされている。

以上が本書で明らかにしたことである。

しかし、これでＰＡの実相が完全に明らかになったわけではない。なお考究が必要である。またＰＡに関連する事柄についても、訳者の関心を惹くものが浮かびあがった。

ＰＡの実相については、例えば次のようなことがテーマとして挙げられる。

——原書を入手する過程で収集することができた一〇点余の総合技術授業の体験談に依拠し、総合技術授業についての実相をより正確に把握・記録すること

——ズール市以外の地域、特に農業が盛んだった地域での実践の状況を把握し、記録すること

ＰＡに関連する事柄については、例えば次のようなことが関心を惹起する。

——ＰＡを中核とする総合技術教育というものについて、わが国では人格の全面発達のための普通教育であ

るという点が注目されてきた。しかし、東ドイツ学校法は九年生と一〇年生のＰＡは「職業準備的な性格」「職業上の基礎訓練的性格」の教育を想定しており、ＰＡの当事者たちの関心の多くはそこにあった。したがって、わが国での総合技術教育の紹介のされ方について再検討をする必要があろう。

——一〇年制学校に続く二年課程のＥＯＳ（拡大上級学校）で行われていたｗｐＡ（科学的実践労働）が総合技術授業と関連し、大学教育を受けた人々からの評価の高いことがわかった。わが国ではｗｐＡに関する論考はほとんど見られない。したがって、その実相やカリキュラムについての研究が残されている。

——発明改良運動の一環であるＭＭＭ（明日の専門家見本市）という催しは、東ドイツを特徴づけるものであったが、総合技術授業と関連していることがわかった。また、企業と学校が緊密に関係する社会であったため企業と学校がPatenschaft（協力関係）の契約を結んでいたとされる。このPatenschaftでは、学校は会社の行事に合唱団や朗読劇を提供したり、会社のキャンプに教師がファシリテーターとして派遣されたりした。一方、会社は学校備品やその資金を提供したり、行事で祝辞を述べたり、講演会に講師を派遣したりしたとされる。そこでＭＭＭとPatenschaftの理解を深めることも必要である。

まえがきで書いたように、本書は教育史上の〝絶滅種〟である総合技術教育のＤＮＡを抽出し、保存しようと試みでもあった。人生は短く、科学は長い。訳者の為したことは甚だ微力である。しかし、その試みがわずかでも成功していたとすれば喜びである。

次に、原書への謝辞を述べたい。

総合技術教育のユニークで中核的部分である総合技術授業の実相について、日本ではほとんど紹介されることがなかった。しかし、この原書により、訳者はその実相をつかむことができた。多くのことに感謝しなければならない。

まず、三人の方に感謝しなければならない。

一人目は、ズール市立公文書館のアネット・ラウトさんである。訳者は彼女からドレスラー博士の存在を紹介していただいた。

二人目は、原書の編集者のホルガー・ウースケさんである。彼は原書を訳者に送ってくださった。そして著者と訳者を仲介してくださった。

そして、三人目はもちろん、原書著者のグンター・ドレスラー博士である。本に書かれてあることでたくさんのことを知ることができた。それだけでなく、彼は私の数多くの質問に根気強く、丁寧に答えてくださった。また彼は追加の本や資料も送ってくださった。

次に、二つの事柄に感謝しなければならない。

一つ目は、グンター・ドレスラー博士に出会うことができたという奇跡である。旧東ドイツ全土において総合技術授業に強い関心をもっている研究者をまだ他に見出すことができていない。もしドレスラー博士ひとりしかいないとすればであるが、彼に出会えたことは、ほんとうに奇跡である。

二つ目は、総合技術授業の実相について、より詳しく日本に紹介できたということである。そして樹木に例えるならば、本書を幹として、実りのある研究が枝葉を広げることが可能になったということである。

本書はもともと「東ドイツ小都市ズールにおける総合技術授業一九五八年―一九八九年――人格の発達のための教育の実相に迫る――（訳と解説）」という論文としてまとめたものであった。これを一冊の本にしたいという訳者の願いを株式会社教育評論社の市川舞氏が引き受けて下さった。編集にあたっては久保木健治氏が多大な労を執って下さった。お二人に心より感謝を申し上げたい。

三村和則

二〇二三年一〇月

Annette Wiedemann
Holger Aderhold
Holger Uske
Dr. Gunter Dreßler

23.12.2022

Okinawa Internationale Universität
Herrn Professor Mimura
Ginowan 2-6-1 Ginowan
Okinawa,901-2701
Japan

Genehmigung

Sehr geehrter Herr Professor Mimura,

die Herausgeber der „Kleinen Suhler Reihe", Frau Annette Wiedemann (zugleich Layouterin und Gestalterin), Herr Holger Aderhold sowie Herr Holger Uske (städtischer Herausgeber und Lektor) erteilen Ihnen hiermit die Erlaubnis,

das Heft Nr. 52 der Kleinen Suhler Reihe „Polytechnischer Unterricht in Suhl"

in Japan (auf japanisch mit Kommentar) und unter Angabe der Quelle „Kleine Suhler Reihe Nr. 52" zu publizieren.

Die Bilder des genannten Heftes dürfen ebenfalls unter Angabe der Quelle „Kleine Suhler Reihe Nr. 52" genutzt werden

Der Heft-Autor Herr Dr. Gunter Dreßler gibt hierzu ebenfalls sein Einverständnis.

Die Unterzeichnenden verzichten auf jegliche finanzielle Anteile aus einem möglichen Erlös der genannten Publikation.

Vier Belegexemplare der Publikation sind dem Autor zu übersenden.

Annette Wiedemann .... A. Wiedemann

Holger Aderhold .... Aderhold

Holger Uske .... Holger Uske

Dr. Gunter Dreßler .... Gunter Dreßler

München und Suhl, 23.12.2022

Postadresse: Dr. Gunter Dreßler R. - Strauss –Str. 45 D - 98529 Suhl

小さなズールシリーズ第52号『ズールにおける総合技術授業』の日本語訳（解説付き）の出版及び掲載写真の使用を許可する、シリーズの編集者、レイアウター兼デザイナー、ズール市役所の編集者及び著者連名による許可書。

著者紹介

◉グンター・ドレスラー博士(Dr.Gunter Dreßler)

【著者自身からの追加情報を加えた著者紹介】

グンター・ドレスラー博士は一九四七年にメラーネ〔ゲーラとケムニッツの間にある町〕で生まれ、一九六五年から一九六九年までエアフルトで学業を修めました。在学中、ズールに住んでいた妻となる女性に出会い、卒業後、教師としてズールに着任し、ズールに住むことになりました。

一九六九年から一九八八年までの約二〇年間、彼は二つの総合技術センターで「ESP社会主義生産入門」と「TZ製図」の教師をしました。一九六九年から一九七一年と一九七八年から一九八一年は、ズールの車両・狩猟用武器工場の総合技術センターが、一九八一年から一九八八年は住宅建設コンビナート ズールの総合技術センターが彼の職場でした。

その間の一九七一年から一九七三年までは兵役でした。兵役終了後、一九七三年から一九七七年まで、エアフルト教育大学の助手を務め、一九七七年七月に博士号を取得しています。また、助手時代を含め一九八八年までの間の延べ六年間、エアフルト教育大学で教員養成の仕事に携わりました。六年間の内訳は、テクノロジーの領域（二年間）、電気工学の領域（二年間）、「技術史」の担当（二年半）となっています。この「技術史」について、彼はこの教育分野を築き上げたと述べています。

一九九〇年以降、彼はまず教員研修と南チューリンゲン商工会議所で働き、その後一七年間、南チューリンゲン手工業会議所の経営者教育を管理しました。その間、二〇〇〇年から二〇一〇年の間に、「BERUFSSTART」と呼ばれるプロジェクトに同僚と取り組みました。これは、七年生から一〇年生を対象にした職業技術指導のプロジェクトです。チューリンゲン州、連邦教育科学省、および雇用事務所からの多くの資金がありました。この事業は資金援助が途絶えることで終わりました。

彼の家の五世代前は、全員が靴職人でした。しかし彼は、国家政策のためこの職業を学ぶことを許されませんでした。一九六〇年代の初め、政府は手工業を廃止したかったからです。しかしその後、この方針は撤回され、再び手工業が振興されることになりました。そこで彼は、総合技術の教師になったのです。

彼には「ラウシャグラス――ガラスの歴史とガラスの物語 Lauschaer Glas –Glasgeschichte und Glasgeschichten」という著書があります。〔ラウシャはズールから南東に三〇㎞ほどにある町。〕彼には二人の子どもがいます。

彼は、「職業生活の半分を『社会主義』で過ごし、残りの半分を市場経済で過ごした。振り返ってみると、双方を経験できたことに感謝することができる。……それが必ずしも簡単でなかったとしても！」と述懐しています。

訳者経歴

◉三村和則(みむらかずのり)

一九六一年　宮崎県生まれ
一九八三年　広島大学教育学部教育学科卒業
一九八九年　広島大学大学院教育学研究科博士課程後期単位取得退学
一九八九年　広島大学教育学部助手
一九九一年　沖縄国際大学教養部講師
一九九四年　沖縄国際大学教養部助教授
二〇〇〇年　沖縄国際大学文学部(現 総合文化学部)教授。現在に至る

教職課程担当(教育方法学専攻)
研究テーマ：授業研究方法論、学級集団づくり方法論、ドイツの総合技術教育の遺産

総合技術教育に関する論文(単著)

①一九八九年三月「東独教育課程の特質と変遷」日本教育方法学会『教育方法学研究』第一四巻。
②一九九〇年三月「教科間結合の構想と総合技術教育――ドイツ民主共和国における一九五〇年代教育課程の展開を中心に」広島大学教育学部『広島大学教育学部紀要』第三八号第一部。
③一九九五年一二月「〈統一直前の東独〉文部省・総合技術教育研究グループ、『総合技術教授の更なる発展

のための基本的見解と提言』（翻訳と解説）」　沖縄国際大学文学部『沖縄国際大学文学部紀要―社会学科篇―』第二〇巻第一号。

④一九九六年三月「統一ドイツにおける総合技術教育の研究と実践の現状―ブランデンブルク州を中心に―（報告）」沖縄国際大学文学部『沖縄国際大学文学部紀要―社会学科篇―』第二〇巻第二号。

⑤一九九六年八月「旧東独の総合技術教育のその後」技術教育研究会『技術教育研究』第四八号。

⑥一九九七年二月「総合技術的視野と今日の学校における教育内容―環境教育との関係を中心に―（研究ノート）」自家版「教育方法学における科学とヒューマニズム」編集委員会『教育方法学における科学とヒューマニズム』。

⑦二〇一五年三月「ドイツ総合技術教育実践の実相―一九七〇年代初頭の『生徒の生産労働』の場合―」沖縄国際大学人間福祉学会『沖縄国際大学人間福祉研究』第一一巻第一号。

⑧二〇一六年三月「Gert Geißler 氏の『生徒の生産労働』の体験談（短報）」沖縄国際大学人間福祉学会『沖縄国際大学人間福祉研究』第一二巻第一号。

⑨二〇二〇年一二月「ドイツの総合技術教育　その後」技術教育研究会『技術と教育』通巻第五六四号。

Dankesworte des Übersetzers

In Japan gab es fast keine Einführung in die aktuelle Situation des polytechnischen Unterrichts, der ein einzigartiger und zentraler Bestandteil der polytechnischer Bildung und Erziehung ist. Aber dieses Buch hat mir die Realität näher gebracht.
Ich habe viel zu verdanken.
Zunächst einmal vielen Dank an die drei Personen.
Die erste ist Frau Annett Raute vom Stadtarchiv Suhl. Sie machte mich mit Dr. Dreßlers Existenz bekannt.
Im Frühjahr 2021 habe ich etwa 400 Archive in der ehemaligen DDR nach Informationen gefragt, über der Lernorte von "die produktive Arbeit der Schüler" in des polytechnischen Unterrichts . Darunter wurden spezifische Informationen aus etwa 40 Archive offiziellen Dokumenten bereitgestellt. Das Buch von Dr. Dreßler hat mein Herz am meisten berührt.
Der zweite ist Herr Holger Uske, der Herausgeber des Buches. Er schickte mir das Buch nach Japan. Und er fungierte als Vermittler zwischen dem Autor und mir.
Und die dritte Person ist natürlich Herr Dr. Gunter Dreßler. Was in dem Buch geschrieben steht, hat mich viel gelehrt. Nicht nur das, er beantwortete meine Frage höflich. Er schickte mir auch zusätzliche Bücher und Materialien. Nach der Berechnung haben wir in einem halben Jahr mehr als 10 Mal E-Mails ausgetauscht. Ich hoffe, dass ich weiterhin eine enge Beziehung zu ihm haben werde.
Als nächstes danke ich für zwei Dinge.
Das erste ist das Wunder, Herrn Dr. Gunter Dreßler treffen zu können. Wenn es in der ehemaligen DDR nur Herrn Dr. Dreßler als einen Forscher gäbe, der großes Interesse an polytechnischem Unterricht hatte, wäre es ein Wunder, ihn zu treffen.
Zweitens ist es möglich geworden, mehr Details über die aktuelle Situation des polytechnischen Unterririchts nach Japan zu bringen. Basierend auf dem Inhalt dieses Buches scheint es, dass ich eine fruchtbare Forschungsabhandlung schreiben können. Wenn die Forschungsarbeit oder das Buch fertig ist, würde ich es gerne wieder nach Suhl schicken.

Kazunori Mimura

6. "Der heutige Stand der Forschung und Praxis der polytechnischen Bildung und Erziehung im einigen Deutschland" In:The Japanese Society for Study on Technology Education "Research Journal of Technology Education " No.38, 1996.
7. "The reality of the polytechnism in Germany —the case of "the productive work of the students" at the beginning of the 1970s—" In: "Okinawa International University journal of social welfare and psychology" Vol. 11,No.1, 2015.
8. "Der Erlebnisbereicht über "die produkutive Arbeit der Schüler" bei Prof.Dr.Gert Geißler" In: "Okinawa International University journal of social welfare and psychology" Vol. 12,No.1, 2016.
9. "Die polytechnische Bildung und Erziehung in der DDR Danach " In: "Education and Technology " No.564,2020.

zuletzt verändert: 10.10.2023

Übersetzer und Deutschland

Ich habe am Lehrstuhl für Erziehungsmethoden, Abteilung für Erziehungswissenschaften, Fakultät für Erziehungswissenschaften, Universität Hiroshima, studiert. Dr.Professor Hitoshi Yoshimoto, der Chefprofessor des Labors, führte allgemeine didaktische Forschungen auf der Grundlage der DDR-Didaktik durch. Die Didaktik stammt von Dr.Professor Lothat Klingberg von der ehemaligen Pädagogischen Hochschule Potsdam, die heute als "dialektische Didaktik" gilt.

Dr.Prof. Yoshimoto schrieb seine Dissertation zu Pestalozzi-Research. Er war führend in der japanischen pädagogischen Methodikforschung. Er war 4. Amtszeit und 12 Jahre lang Vorsitzender der Japanischen Gesellschaft für Erziehungsmethoden.

In diesem akademischen Umfeld interessierte ich mich für die "allseitige Entwicklung der Persönlichkeit" und begann die polytechische Bildung und Erziehung der DDR als Lehrplan für diesen Zweck zu erforschen. Die Abschlussarbeit (1982) basiert auf Heinz Frankiewicz, "Technik und Bildung in der Schule der DDR" Volk und Wissen Verl., Berlin, 1968.

Meine Geschichte, in Deutschland zu bleiben und zu besuchen für Arbeit, ist wie folgt.

① August-September 1994 (ein Monat)
Gastfamilie (Sprachtraining) in Potsdam (Babelsberg) im August.
September, Berlin, Leipzig, Meißen, Dresden.

② September 1995 (2 Wochen) Potsdam (Ministerium für Bildung, Berufsschule), Berlin (BBF: Bibliothek für Bildungsgeschichtliche Forschung des DIPF), Schwerin, Köln (Japanisches Kulturinstitut).

③ März 1998 (2 Wochen), Berlin (BBF).

④ September 2015 (2 Wochen), Berlin (BBF, Bundesarchiv).

⑤ September 2016 (2 Wochen), Berlin (Bundesarchiv, BBF).

Vielen Dank

Profil des Übersetzers

Professor MIMURA,Kazunori
(MI　MURA = drei Dörfer , Kazu nori= Frieden Regel)
Funktion:Professor
Arbeitsbereich: Der Lehrerausbildungskurs
Fakultät der globalen und regionalen Kultur
Abteilung: Okinawa Internationale Universität
Ginowan2-6-1 Ginowan,Okinawa,901-2701,Japan
098-892-1111,mimura@okiu.ac.jp

Zur Person

Seit April 2000 Professor an der Okinawa Internationale Universität
1994-1999Associate Professor an der Okinawa Internationale Universität
1991-1993 Dozent an der Okinawa Internationale Universität
1985,1990 Helfer-Lehrer an Fakultät für Erziehungawissenschaften von der Universität Hiroshima
1979-1984,1986-88,90 Studium der Allgemeiner Didaktik an der Universität Hiroshima, Magisterarbeit zum Thema "Grundlagenforschung am Lehrplan Struktur"
Geborn 1961 in Miyazaki Präfektur, verheiratet,zwei Kinder

Aktuelle Arbeits- und Forschungsschwerpunkte

Allgemeine Didaktik
Methodik des Bilden der Klassengruppe
Erbe der Polytechnischer Unterrciht in der DDR

Publikationsliste über die Polytechnischer Unterricht (Einzelne Arbeit)

(Alle auf Japanisch)

1. "The Characteristics of the Curriculum in the German Democratic Republic and it's Changes from 1945 to 1988" In:National Association for the Study of Educational Methods "Research Journal of Educational Methods" Vol. 14, 1988.
2. "Die Beziehung zwischen Koordnierung der Unterrichtsfaecher und Einfuhrung der polytechnischen Bildung und Erziehung—Studien zur Entwicklung der Lehrplaene in der DDR in der 1950er Jahren—" In:Faculty of Education,Hiroshima University "Bulletin of the Faculty of Education Hirosima University Part1 (Curriculum Research and Development)" Vol. 38, 1989.
3. "Das politechnische Sichtfeld und die Bildungsinhalte in der heutigen Schulbildung" In: Editorial Board "Wissenschaft und Humanismus in Didaktik " 1997.
4. "Übersetzung und Kommentar: Positionen und Vorschlaege zur Weiterentwicklung des polytecnischen Unterrichts der Arbeitsgruppe Polytechnische Bildung und Erziehung" beim Ministrerium fuer Bildung und Wissenschaft" Berlin,Mai 1990. In: "Okinawa International University journal of Faculty of Literature Sociology department " Vol. 20,No.1, 1995.
5. "Der heutige Stand der Forschung und Praxis der polytechnischen Bildung und Erziehung im einigen Deutschland —insbesonder im Land Brandenburg—" In: "Okinawa International University journal of Faculty of Literature Sociology department " Vol. 20,No.2, 1996.

〈著者略歴〉
グンター・ドレスラー（Gunter Dreßler）
1947年、ドイツ（旧東ドイツ）メラーネ生まれ。1965年から1969年までエアフルトで学業を修め、その後ズールで20年近く総合技術の教師として働く。この期間、エアフルト教育大学で助手を務め、1977年に博士号を取得。1990年以降、彼はまず教員研修及び南チューリンゲン商工会議所で働き、その後17年間、南チューリンゲン手工業会議所の経営者教育を管理。
著書に“Lauschaer Glas−Glasgeschichte und Glasgeschichten”（ラウシャグラス――ガラスの歴史とガラスの物語）2014、Wehry Verlagなど。

〈訳・解説者略歴〉

三村和則（みむら かずのり）

1961年、宮崎県生まれ。1983年、広島大学教育学部教育学科卒業。1989年、広島大学大学院教育学研究科博士課程後期単位取得退学後、広島大学教育学部助手。1991年、沖縄国際大学講師、1994年、沖縄国際大学助教授、2000年、沖縄国際大学教授。

研究テーマ: 授業研究方法論、学級集団づくり方法論、ドイツの総合技術教育の遺産。

総合技術教育に関する論文として「東独教育課程の特質と変遷」日本教育方法学会『教育方法学研究』第14巻、「教科間結合の構想と総合技術教育」『広島大学教育学部紀要』第38号第一部、「ドイツ総合技術教育実践の実相―1970年代初頭の『生徒の生産労働』の場合―」『沖縄国際大学人間福祉研究』第11巻第1号など多数を執筆。

東ドイツ小都市
ズールの総合技術授業 1958年－1989年
――人格の全面発達をめざした教育の実相

2023年12月8日　初版第1刷発行

著　者　グンター・ドレスラー
訳・解説者　三村和則
発行者　阿部黄瀬
発行所　株式会社　教育評論社
〒103-0027
東京都中央区日本橋三丁目9-1　日本橋三丁目スクエア
TEL 03-3241-3485
FAX 03-3241-3486
https://www.kyohyo.co.jp
印刷製本　萩原印刷株式会社

ISBN 978-4-86624-093-0